生命四元素

占星与心理学

史蒂芬·阿若优 著

胡因梦 译

云南出版集团公司

云南人民出版社

译者序

胡因梦

人类这个有自觉意识的主体，生活在复杂多变的现象世界里，一面经验着各种外来的挑战和刺激，一面又要勉力去调和内在反应带来的冲突与矛盾，因此亟需一套能兼顾质与量、个人与整体宇宙、主观与客观性、世俗与神秘性、形而上与形而下、现象与原理的诠释系统，来帮助自己理解事件背后的意义和目的，如此才能完整地洞察心理惯性模式之中必须修正、调整和转化的老旧制约。

本书的第一部分就是在试图厘清、阐明及说服读者，为何占星学历经了数千年的发展，遭遇过人类的青睐及污名化，仍然能突破科学实证主义倾向的制约，逐渐与心理科学结合，而达成了上述种种在诠释上的完整目的。

此外，阿若优也花了许多功夫来阐明占星学为何能成为“人本心理学”的有力工具。根据布根绍尔这位心理学家的看法，人本心理学的主旨乃是要完整地描述生而为人的意义，同时要研究人类的成长、进化及退化倾向和外在制约的互动关系，主体经验的范畴和种类，在宇宙中的定位和意义，以及一切的感受、思想和行动的潜能。以阿若优多年的研究来看，这一切均可借由“人本占星学”获得厘清。

论及“预测未来”在一般人心目中造成的不自由感时，作者举出了占星大家丹恩·鲁依尔和心理学家罗杰斯的见解：人最终的自由乃是要选定心态来面对眼前的情境。其实大部分的人之所以会卡在某段生命遭遇里，变得进退两难，主因就是不知该以何种态度来面对。由于缺乏全盘的理解，所以只能从惯性模式和褊狭的观点，作出自己无法控制的负面反应。占星学能够联结小宇宙（人类）和大宇宙（行星的势力），让我们从生命内建的一体性和同时发生性，来洞悉事件背后极其精密的业力脉络，继而以正向开放的心态去接纳和面对挑战，以达成净化及成长的目的。因此，预知未来可能面临的挑战并不会限制个人的自由意志，反而使人更有能力让命定的事件顺利地穿越过自己，也穿越过自己的意志和选择。

此外超个人心理学方兴未艾的发展趋势，令许多心理学家开始积极投入于超验次元的研究。这样的研究令科学家们意识到过往的人格理论已经不再适用，但又缺乏针对个人的超验次元的诠释系统，就此点阿若优仍强烈主张只有“人本占星学”能运用天体的周期活动作为象征语言，来呈现出偶发的危机或超验经验的心理真相。

本书的第二部分谈到了脉轮系统与行星之间的关系。脉轮是存在于人体中脉上面的七个能量中枢，它们和十大行星落入的星座能量波息息相关，而行星又象征着一个人内在的冲动、需求及动机。事实上黄道十二星座就是由地、水、火、风四元素所构成的，这四元素不但是占星学和一切玄学的基础，也是人类经验到的一切事物的构成元素，甚至是灵魂对肉体产生作用力的必要条件，或是意识体的动力来源。因此，学占星学必须先彻底了解四元素的内涵、意义以及彼此的关系，才能领略这门学问真正的本质。此外，欧美发展出来的另类疗法——涉及能量层面的治疗——也几乎都可以和四元素代表的意义结合，来正确地作出诊断。

笔者在翻译本书和《生命的轨迹：深度心理分析手册》（台湾版名为《占星、业力与转化》）的过程中，深深地感受到阿若优严谨理性的科学语言背后，不断地透露出来的心理压力。这似乎是玄学家自古以来的宿命——无论怎么努力地阐明和疏理，都无法让当时的主流社会彻底承认此类学问的正当性。

本书和《生命的轨迹：深度心理分析手册》，是阿若优最受欧美占星界及读者肯定的经典著作。译者为立品图书选出它们作为心理占星学系列丛书的前导，目的就在于提供一个深入认识占星学、亲炙大师丰厚文化底蕴的机会。后续立品图书将会出版其他的大师论述生命周期循环方面的专书。

前　言

一种崭新形式的占星学已经诞生了。目前它只是呈现出一种雏形，尚未全然整合或完全符合社会的需求，因此需要更多的鼓励和支持。如同歪歪倒倒正在学走路的孩子一样，这种崭新的占星学也正在面临一些起伏，而且经常摔得一鼻子灰。虽然做父母的只有等孩子长成健康和自给自足的人，才能放松下来欣赏自己努力的成果，但鼓励孩子发展与成长的过程本身，已足以诱使父母继续付出关怀。这种新的占星学趋势，主要是将传统的理论与态度从里向外翻转过来，并揭露了许多自相矛盾、陈腐空泛的内涵，但也保留了许多能呈现宇宙真理的智慧。因此，崭新形态的占星师会去芜存菁，深化自己的理解，为占星学以及人类开展一种截然不同的新途径。

20 世纪前半叶在心理学上的突破，现在正开始被集体意识消化吸收，但早在 20 世纪 30 年代占星学就受到了它的影响。直到近来，这个消化吸收的过程才累积了足够的动力，让许多占星家和学生感到需要重新定义占星学的传统和目的。1936 年丹恩·鲁依尔（Dane Rudhyar）撰写的《人格占星学》(The Astrology of Personality)，促成了这个重新建构的过程，自此之后便逐渐蔚为风潮。这种崭新形式的占星学之所以发展得非常缓慢，主要是因为集体意识的改变需要多年的时间，而占星家也必须花时间来摆脱掉早已熟悉的老旧结构。然而,大众的集体意识已随着时间改变，因此占星家们逐渐认清，20 世纪 20 年代适用的诠释方式可能无法用在今日了。

我将会在本书中详细阐述这种新形式的诠释方式，在此我想提出一个重点，那就是传统占星师的角色主要是为人算命，就好像星盘能透露未来将面临的情况似的，而且这些外在情况是可以预测，甚至无法改变的。但很显然对事物的预测会因其复杂性而有所改变，举个例子，动物的细胞或化学元素通常可以预测，因为性质非常简单，变量不大，也不具备任何意识或能力做出其他的反应方式。但季节的变化就比较不容易预测了，主要是因为其中有许多未知的变量，尽管这些变量仍然能借由对已知现象的了解来加以预测。然而，人类是最不容易预测的，因为他拥有某种程度的理性、意志、抽离的能力以及做出各种反应的能力。如果人的觉知发展得更敏锐一些，就更不容易预测了。此外，一个具有高度觉知力的人，可能只需要一点暗示便学会了某种功课或得到了某种洞见，那些觉知力比较差的人，则必须借由具体的外在事件和情况来获得相同的理解和洞见。我认为一个人之所以能够被精确地预测，乃是因为他缺乏觉知。基于此理，我所指的新形式的占星学的对象，显然是那些已采取行动来增强自我觉知之人。

每个人的确拥有自己的本命盘、特定的业力模式，或是情绪、心智、肉体等层面的各种倾向，然而一个人将会面临的情况绝大程度是被他的表现方式所决定的。换句话说，你给出什么就会得到什么，每件事终将回到它的源头。如果一个人表现出来的是不耐烦或自以为是的态度，那么她或他一定会诱发别人做出同样的反应。把自己制造的不幸推诿于本命盘,乃是徒劳无益的事。因此，占星学现代化及建设性的运用方式，应该是转化和修正本命盘的能量模式，让最正向的表现得以施展出来。本书所强调的就是如何对占星学的基本要素发展出深入的理解，对占星学的所有技巧产生更深刻的认识。

本书分成两大部分，第一部分的六个章节纳入了我在加州州立大学心理系的硕士论文。这篇论文获得了 1973 年英国占星学会的大奖，被誉为那一年占星学上最杰出的贡献。我当时撰写这篇论文的主旨，乃是要厘清占星学的各种途径，揭示其实用的部分，特别是跟心理学领域直接相关的诠释技巧。虽然这篇论文是针对占星学的门外汉撰写的，但一般占星师和学生仍然能从中获益，因为它不但能促成对占星学的深入理解和综合性观点，而且能解答一般大众对占星学的疑惑，去除不熟悉占星学的人的偏见。

本书第二部分将从四元素的能量层次来解释占星学的理论。由于四元素描述的是占星元素的特定能量，因此了解背后的原理，能够让人以较为实际的方式综合分析本命盘的意义。我认为学习及应用占星学最大的障碍，就在于占星学的著作缺乏综合分析的方法。虽然目前可以找到各式的入门书籍，却很难发现任何一本书能够让我们洞悉占星要素的核心意义，以及本命盘呈现出的素朴秩序。我必须在此强调，由于本书的第二部分主要是在说明四元素的基本法则，因此不得不采用概论的形式。读者在阅读时必须小心，不要只是认同太阳星座的元素或任何一个单一的元素。如同我在本书中所阐明的，每一个元素都是整体模式的一部分，即使是某个强而有力的元素，仍然无法掌控整张星盘。同时我要指出的是，对某些读者而言“能量”这个字眼显得有点含糊，但实在没有其他更精确的词可以代替它了。如果我们把“光能”看成是八度音阶的某个音，它毕竟也只是可以识别的电磁谱系的 75 个阶次之一。试图以有限的语言来描述这些超验能量，乃是十分困难和充满挑战的任务，我希望读者能谅解我在表达这些精微意涵上面的失误。

我们研究任何现象所采用的方式，很自然地会奠基于显意识和潜意识里的目的。换句话说,我们的结论决定了我们所采用的方式。我写此书的目的本是要提供一个框架，让读者从近代心理治疗和能量的概念出发去理解及运用占星学。基于这个理由，我省略了所谓的玄异或奥秘占星学的面向，但并不是因为我不相信这些途径的价值，而是它们超越了本书的范畴。

为了促进新观念的发展，我们必须摆脱已知的假设，这样的开放性和自由度一向是科学的主要特质。清除掉情绪及心智上的偏见，才能达成这种自由度。基于这个理由，我花了许多篇幅阐明目前的科学和心理学所采用的方法。

许多人都在寻找更具整合性及包容性的生命观点，大学或研究所教导的专业知识已经不能带来满足，人们越来越渴望从更完整的角度来理解生命的循环，占星学刚好提供了这方面的解释。如同物理学家兼哲学家怀特（L.L Whyte）所言："最深的美学及科学法则，往往是单纯的、井然有序的、优雅的、有结构的。"本命盘代表的就是宇宙及个人身上井然有序、优雅、单纯、有结构的基本模式。

在心理学的领域里，科学家已经发展出各式各样的人格理论，试图定义和探索个人的生命风格及性格之中的常规。每种人格理论都假定确实有所谓的先天性格，而且是以概略性的假设和潜力的形式呈现出来。这类的心理学理论的问题就在于，每一个被分析的人似乎都跟理论的发明者一样，带有某种共通的先天特质。换句话说，这些理论家已经假定每个人都跟他一样带有某种深层的心理倾向，但是他们缺乏一个更宏大的框架来供其观察人类，因此在实际的应用上面，这么褊狭的理论势必会带来破坏性的影响。本书中的许多观点所呈现的占星学，的确可以描述促成人类产生活动的那些能量，这或许是阐述个人性格最正确的方式之一。在过往的九年里，我广泛地应用占星学来观察人性，故而逐渐捐弃了其他的心理学理论。对我而言，占星学无疑是了解人类的人格、行为、变化和成长最精确的工具。

许多人都问过我为什么占星学近年来会如此受欢迎，我认为部分的答案是西方文化不再有足以支撑它的神话传统。神话一向是任何一种文化的活力来源，因为它能够让人类与更宏大、更带有宇宙性的实相产生关系。人一向需要某种井然有序的典范来引领人生，为生命经验带来意义，从这个角度来看，占星学的结构里本来就带有神话学的框架。坎伯教授（Joseph Campbell）曾经写道：“人如果不相信神话传统中的某些安排，是不足以在宇宙中自持的。事实上，他生命的深度与完整性并不直接与理性思考相关，而是和他生长地区的神话有关。”坎伯阐明神话主要有三种作用力：“激发神圣感”、“提出某种宇宙观”以及“促使个人反观内在的真相”。今日有许多人已经发现，正确地运用占星学便能充分发挥这三种作用力。如果我们赞同坎伯对神话的定义，就不得不赞同，占星学一向能为我们所处的时代提供实际而富有活力的神话。

目录

第二部分

第一部分

第一章　现代科学与心理学

人类的现象必须从宇宙的角度来进行思考。

——德日进

由于我们正在经历一场世界性的变革，尤其是在通讯系统、社会形式及国际关系上面，因此我们对人和宇宙的观点也在改变。生命的变化一向是不停歇的，但目前我们似乎正面临着某个重要的转折点。那些老旧的发展阶段已经结束，即将来临的另一种生命循环变得越来越明显，因此科学和整个心理学界必须以开放和富创意的态度来面对这些改变。大部分人仍仰望所谓的科学家和专家为当前的两难之局带来解答，然而这些心理学家、专家、治疗者或声称自己有解答的人，其实并不能提供什么。他们很难为人类经验的意义和目的带来真正的启蒙。不过其中有几位专家——譬如荣格博士和德日进——已经采取确切的行动，朝着更完善的方向来了解人类存在的最深意涵。但是大体而言，这些专家学者多半仍拒绝冒险，宁愿隐身于自己的专业领域，虽然他们声称自己追求的是真理，而且愿意整合现代所有的世界观去帮助人类。极少有人具备真正的创造力和勇气，甘愿被当代人和同僚批评，也要追求生命最高的理想。

在今日的西方世界里，我们发现人越来越和自己的文化解离，他和他的根源已经脱节了。他已经捐弃了自己的传统和文化价值，因此急需和这些传统的精髓重新建立关系，而且要回归精神的核心，方能超越空间和时间的局限。根据我的了解，心理学领域里没有任何一种人格理论，足以了解和描述什么是“宇宙人”，因此我们必须开始寻找其他的理论、概念及经验，来了解每个人的根本实相。这当然是很难办到的事,然而一种全球性的社会正在形成，所以我们最好做妥准备，深入地去探究人到底是怎么一回事，这个正在萌芽的世界新秩序的本质究竟是什么。麻省理工学院哲学教授，《人类的宗教》之作者休斯顿·史密斯（Huston Smith），曾经说过以下这段话：

> 世界有三大文明：西方文明、东亚文明（中国）以及南亚文明（印度）。它们在自己的历史最重要的阶段，分别发展出了解决不同问题的长才：西方文明的长才是对大自然的研究，中国人对社会关系特别有认识，印度文明着重的则是心理上的关系。如果以上的假设属实，那么每一种文明都可以从其他文明学到自己忽略的事物。

我们可以从中国文化里学到对家族的重视，对长辈的敬重，愿意在帝国统治下尽个人本分，对社会付出更高的忠诚度。根据戈顿·埃伯特（Gordon Allport）的观察，印度文化一向认为人有四种目标，分别是追求快乐、世俗成就、责任义务以及终极解脱。但西方世界追求的几乎完全是前面两个目标，对责任义务虽然稍有关注，却毫不注意终极解脱的议题。同时印度人对人类的典型也有认识，虽然促成了种姓制度的滥觞，仍然算是有效的洞见。

此外，这种新文明将会更注重生态议题。如同我们早先提到的，西方文明一向着重于观察自然，中国和印度也关切自然议题，但精神比较倾向于华兹华斯（Wordsworth）而非伽利略（Galileo）。西方世界善于操控自然……近年来有许多人在摸索缘起论，然而生命的质量又该如何看待呢？我认为世界终将回归到这个新文明的生态面向。

我对这个新文明的第三种预测是，时机一旦成熟，世界上将会有更多的人朝着灵性方向发展。19 世纪时我们将整个自然看成一部机器，现今的 20 世纪我们则把自然看成一个有机体。我们的定论越少，自由度就越大。我们有可能从 17 至 19 世纪的机械观以及 20 世纪的生物观，转向 21 世纪的精神观吗？最后我们会发现，这个新世界文明很可能发展出一种新的生活模式，把过往所强调的三个面向——自然、人类以及自身——统合起来。

翰斯·史都瑟（Hans Stossel）表达了人类当今的需求：

> 今日的人类必须发展出更深入、更具有宇宙性及灵性的理解，这乃是我们这个时代以及本世纪最重要的需求。人必须去探究如何才能跟宇宙结为一体。

占星学能够为现代人提供的启示，就在于如何跟整个宇宙及大自然结为一体。心理学家罗伯特·L·马龙（Robert L.Marrone）曾经写道：“从过往的历史来看，人类对自然的思索以及和自然的关系，曾经令他失势过，也曾经为他带来扩张的机会，曾经造成他和自然界分离，也令他有机会和宇宙的循环融为一体。”人类与自然界的分离以及缺乏对整体宇宙的认同，造成了人们对占星学的不信赖，似乎必须经由实证，才能视其为一门科学或艺术。其实我们熟悉的任何一种文化，几乎都拥有某种形式的占星学；这并非因为它们欠缺现代科学的启蒙，而是它们和现前的宇宙有一种融合感。目前流行的伪科学之中的偏见，科学家、教育者和社会大众所抱持的不合时宜的科学论点，在在阻碍着人类发展出知识层面的综合性观点。大部分的心理学家似乎都在做罗伯特·欧本海默（Robert Oppenheimer）警告我们不要去做的事：努力地模塑出一种奠基于过时的物理学之心理学。观察一下近代物理学的发展我们会发现，反物质理论或测不准定律几乎像是神秘主义者在开悟的狂喜中做出的表白，而不像我们所期待的科学解说。但心理学的某些研究者仍然保持原有的运作模式，就好像他们是生化专家或唯物论者似的。因此，占星从业者虽然可以从现代心理学之中获得一些洞见，但仍然得留意不要太低估占星学，或是太高估现代心理学的有效性。如同荣格所说的："很显然占星学能够带给心理学许多帮助，但后者却无法为他的老大姐带来什么助力。"

科学本是一项有利的工具，占星学也是如此。这些工具有两种运用方式：一是操纵它们，二是尊重它们的价值。不幸的是，西方科学到目前为止都是被前面的方式所掌控，包括物质科学及心理学在内。如同物理学家及哲学家怀特曾经说过的："科学可以从人类对无意识的深入认识之中获益，这份认识曾引领科学不断地进展，而且仍然在持续着。"包括占星学与心理学在内的整体科学已经到了必须追求真理的阶段，因此不能只是搜集一些片面的事实就算了。虽然占星学也可以用在操纵性的目的上面，但是它与心理学更高洞见的整合，的确能让我们深入地了解我们自己、他人以及整体宇宙。

科学家和心理学家虽然声称科学进展必须靠新颖的、富有创意的研究，但是他们对科学过度认同的态度本身，却阻碍了这样的研究发展。换句话说，他们并不了解什么是真正的创造过程。其中有许多人甚至认不清自己的分裂人格（职业上的客观性和私生活里的主观性）障蔽住了内在的创造活动。创造力本是从人类的整体性发展出来的能力，因此我们至少得朝着这份整体性去努力才对。诚如鲁登（Rudin）在他的《心理治疗与宗教》一书中所言："人只要逃避了自己的灵魂，便可能损害生命，导致疾病，同时在心智的创造力上面带来不诚实及单板的产物。"任何一个领域的先驱的追随者及门徒，一旦确信自己已经找到了真理，很快就会变成狂热主义者或僵固之人，继而冻结了理论创始者的思想。这种倾向让数个世代的发展都遭到了压制。同样的现象也发生在某些占星圈子里，令这个急需统合的领域变得更加分化。

那些能够带来新的突破，而且能够让后人继续敬重的人，通常都是对新观念抱持开放态度的人。这份开放度很自然会引领这类富有创意的人，进入非正统以及不依循惯例的研究领域。依照艾弗列·诺斯·怀海德（Alfred North Whitehead）的观察，几乎所有的新观念在一开始发表的时候，都给人一种愚蠢的感觉。我们只要看一看西方文化的几位创造者，就会发现他们的研究在其时代里有多少是被官方视为禁忌的。爱因斯坦也谈到过原创洞见之中的神秘体验，以及真实的理解之中的宗教感受：

> 我们所能经验到的最深以及最美的情感，往往都带着一种神秘性。这是所有真实科学的动力来源。我们必须认清那些无法被洞悉的事物的确是存在的，而且是以最高智慧和最美的形

式呈现出来，而我们鲁钝的心只能以原始的方式去领略它——这份认知，这种感受，就是真正的宗教情怀。

荣格不但把占星学应用在他的心理治疗上面，而且花了许多年研究炼金术的心理面向。弗洛伊德晚期曾经写过一封信 :“如果我能再活一遍的话，可能会致力于超自然现象的研究而非心理分析。”天文学家及物理学家开普勒曾经表示，他非常不愿相信占星学的有效性，但是“伴随着行星相位同时发生的无误事件，却让我不得不相信占星学的准确性。”其他著名的占星家及科学家分别是弗朗西斯·培根、富兰克林、纳皮尔（发明对数的科学家）及牛顿。当年有人问牛顿进剑桥大学最想读的科系是什么，他的回答是 :“数学，这样我就有能力检验占星学是否准确了。”后来当赫雷（发现慧星的人）怒斥牛顿的迷信倾向时，据说牛顿的回答也是 :“很显然你没有研究过占星学，而我的确有研究。”

我们越是发现生命的奥秘，越是能整合不同的研究领域以及不同的知识体系。心理学领域尤其需要这种整合性观点，因为这门科学处理的大部分是人的生命。我很清楚地看见占星学是现代心理学最缺乏的一项整合工具。个人的统合及健全的发展本是社会活力和健全发展的开端。一个不断鼓吹片面见解与扭曲世界观的社会，如何能制造出富有创意的人呢？因此教育体制极需对人性和存在意义的假设提出质疑。如果我们对自己够诚实的话，就能够以开放的态度面对真相。为了建立一个聚焦于个人健康和圆满性的心理学，我们不得不发展真正的生命科学来处理身心的存在问题，其首要焦点就是意识本身。但是在进行这件事之前，我们必须摆脱已经过时的唯物思想，认清不同类型的研究需要透过不同的途径来达成。

第二章　老架构的局限

今日有许多人已经认清物质科学不再能满足人的深层需求，虽然它能够带来生理上的方便和舒适，让头脑获得某种荣耀感。在建构现代占星学的时候，我们不但要满足头脑的需求，还要满足灵魂和内心的需要。人类现今有一个普世性问题，那就是知道得太多，深层的理解太少。搜集信息或整合事实本来没什么问题，但是太专注于特定的细节，就会失去统合性及和谐感。我们因此而丧失了宇宙真理带来的复原力。现代科学对物质界的细节已经有了深入的理解，然而这些发现并未统合成完整的认识。由于我们倾向于研究各种复杂的现象，因而忘却了单纯不变的真理，如同歌德在《浮世德》中所言：

> 研究有机实体的人首先以僵固心态排斥灵魂的存在，然后掌握住片面的真相，予以分类，但是跟灵性源头的联结却因而丧失。

今日我们需要强调的是整体而非片面；在尚未干预自然之前，我们必须再度检视一下生命底端的宇宙法则。我们现今所面临的生态危机，就是缺乏智慧——对整个生态体系的了解——造成的结果。因为急于得到快速的效果，心理治疗师才会依靠休克疗法和药物，并称其为一种治疗方法。农人则是依赖化肥和杀虫剂，而且把自己的行为合理化成经济上的必要行动，或是防止人类挨饿的勇敢尝试。占星学能够为现代人提供的，就是对宇宙法则、整体和谐性及生命底层模式的理解。这就是美国有这么多人对占星学越来越感兴趣的原因：他们发现占星学能够为他们混乱的人生带来秩序和意义。

乔瑟夫·古达贝吉（Joseph Goodabage）写过一本书，《占星学：太空时代的科学》，书中很清晰地表达了现代人对物质科学已经不再抱持幻想：

> 我们对物质主义的执著似乎已到达饱和点。它除了造成挫败、仇恨、战争和阶级斗争之外，并没有带来什么长进。它的目标是空虚无意义的，而且把人类推向了一个死胡同。我们必须承认眼前的新证据全都指向大自然的相依相生性，以及更高的统合性。

你会十分惊讶有多少现代科学家和哲人开始关注宇宙的灵性

及精神面向。金斯（Jeans）爵士在他的著作《神秘的宇宙》一书中写道：

> 在科学的物质层面上，许多人都有共通的看法，认为知识正带领我们朝向非机械性的现实发展；宇宙看上去更像是一个伟大的构思而非一具伟大的机器。心智不再是进入物质次元的偶发干预者，我们开始怀疑或许应该把心智看成是物质次元的掌理者或创造者……老旧的心物二元论几乎快要消失了，但这并不意味着物质比以往重要性减低了或变得模糊了，也不意味着心智消解于物质活动的作用力之中，而是物质实体把自己变成了心智的示现或创造。我们发现宇宙显现出一种控制力或构思力，它跟人类心智的运作有相似之处——虽然不具备人类在心智、情绪、道德或美学上的鉴赏力，却具有一种严密的构思能力……

现代人被占星学吸引，就是因为它揭露了宇宙的构思力，而且是以严密的架构呈现出来的。

欧文·洛克斯（Irving F.Laucks）认为上帝已死这个现代哲学概念，指的其实是物质上帝已死。我们都应该接受这个事实，如此才能腾出空间给更完整的生命观和宇宙观：

东方宗教的理念比较没有物质倾向，他们认为世界是由我们今日所认为的能量构成的，西方科学也发现能量是宇宙构成元素更基本的势力。从这个角度来看，西方科学和东方宗教或许可以合作无间。

此外东方宗教对超越死亡的存在，也抱持非物质性的看法，他们认为轮回转世及涅槃与能量的存在形式相关，不像西方宗教教导的“宇宙是由时空及物质构成的”。

人类的年轻头脑所能想出来最重要的理论，或许就是能量构成了物质宇宙。就科学而言，这个概念的形成还不到一个世纪，因此无论科学家或一般大众，都尚未意识到这个概念最深的重要性。

本书的第二部分将会详细讨论能量是比物质更基本的现实，尤其着重于能量和占星学的关系。

在日常生活里，人的灵性面向与精神生活是不可分的。“心理学”这个词本身已经揭露了人的心智和灵性本质的紧密关系。Psyche 这个希腊字原本有两个意思，第一个意思最佳的翻译是灵魂（Soul），指的是人内在最深的生命源头。第二个意思是“蝴蝶”，象征着渗透于大自然以及每个人之中的不朽本质。自希腊时代以降，Psyche 一向被定义成“心智”（Mind），但仍然有许多偏向生理实验的心理学家很想去除这个非物质性名相。（根据印度心理学和灵性科学的理论，虽然心智和灵魂是一般人日常运作中息息相关的两个面向，但实际上是分别存在的。最先进的一种瑜珈观点甚至主张灵魂必须摆脱心智的束缚，才能获得自由。）

所幸某些人本心理学家仍勇于将人的最深次元纳入考虑，这些次元能够转化所有的心智活动。心理学的行为学派一向认为只有客观数据才是有价值的，这样的心理学实在不算是一种心理学。将心理学局限于动物实验或研究人类的外在行为，是不符合Psyche这个字的定义的，因为一切受造物和人类之中都弥漫着心智—灵魂—灵性的特质。荣格不断地在他的著作中指出，研究人的灵魂是不可能"客观"的，因为我们必须借由自己的灵魂来观察另一个灵魂。这也许是对所谓的客观研究的一种批判，但却能贴切地说明人对自身及内在活动的研究之本质。心理学派之中的行为学派盛行的客观研究，忽略了人的一个基本事实：创造性。如同荣格和儿童心理学家皮亚杰所指出的，心智的运作不像是一面消极的镜子，反倒像是怀着目的性的活跃艺术家。让我再次引用鲁登的著作《心理治疗与宗教》的一段话：

> 现代心理学无法像19世纪的心理学那样规避与灵魂相关的紧迫议题，只是把自己关进实验室去进行一些化学及物理方面的研究。心理学应该审慎地进入人的真实生活中，进入灵魂无法被截断的活动以及起起伏伏的变化中，为他的秘密、渴望

和向往注入光明……

心理学家贺巴特·莫瑞（O.Hobart Mowrer）也表达过类似的想法：“人面对社会做出的生存反应及调整，是一般类型的科学研究无法探知的深层真相……”这个事实说明了20世纪的心理学为什么会变得停滞不前，甚至和日常生活以及我们内心的渴望完全无关。近年出现的几位心理学家尝试着去了解我们的内在生活和现前的经验，因而获得了某些突破，超越了传统科学研究的局限。我指的是那些开始研究长期被忽略的领域的科学家，这些领域包括冥想、超感现象、东方心理学与哲学、神话学、比较宗教学，以及运用占星学和其他古老技法的科学领域。这些研究松散地结合成真正具有人本精神的心理学；它们已经被证实可以促进解脱，而且是人类特有的能力之中可以被创造性地运用的。如果研究心理学的目的只是要发展更有效的技巧来限制和操纵自己的同胞，那么就该专注于人类行为方面的研究。但若是渴望利用这门科学更深入地理解自己和他人，学习以健康和谐的方式生活，将人类内心最富创意的部分释放出来，那么就该认清唯物主义的局限，开始探入未知领域。我们所能依持的只有对人性最高理想及根本智慧的一份信心。

第三章　知识及其证据问题

我所能体悟的，只有那些真正被我活出来的道理。

——克尔凯郭尔

怀特在他的著作《人类下一步的发展》一书中指出，西方的学术传统已经显现所谓的“解离”倾向。这个词的意思是：从柏拉图、圣保罗的时代演进至20世纪，西方人一直在用头脑指挥行为，并借由对大自然的研究来运作。当他面对眼前的经验产生自发行为反应时，不可避免地会显现身与心、自我与自然、心智与直觉之间的解离，而且呈现在知识、宗教、政治和经济等各个层面。只有一些诗人、神秘主义者和社会边缘人没有受到这股潮流的限制。这种解离倾向导致了西方文化的瓦解，你可以从世界大战、目前的生态危机以及越来越严重的精神和心理问题看出这个现象。怀特继续说道：

如果整个自然界本是一个不断在转化和发展的巨大系统，

那么试图把任何一个部分孤立出来，都势必导致失败。尤其是把人视为一个与客观的自然领域分隔开来的主体，特别会令他对自己独有的生命形式视而不见。人只有透过从个人经验获得的主观知识来观察整个有机自然界，才能彻底了解自己，而这会带来一种崭新的自我接纳态度，一种奠基于智慧的天真。如此一来，带有偏见的传统道德观，就会转化成生命发展上面的正向态度……

怀特同时指出，从希腊时代以降，思想家大致分成两个阵营，亦即所谓的原子论者和整合论者，但是他们对彼此的互补见解都不太能接受。在我们的日常生活里面，这两种观点多少都会用到，但整合观当然比较能让我们了解有机生物界的整个系统。如同怀特所言，整合观（对形式和基本模式的觉知）是不容忽视的，因为它提供给我们无可反驳的事实，让我们看见大自然以及每样事物背后的基本模式。

存在主义心理学家和哲人，也提出了这种自相矛盾的生命观带来的问题。心理学家罗洛·梅曾经说过："存在主义试图借由打破主客观之间的鸿沟，来理解人类本身。从文艺复兴运动以降，西方心智一直在承受这种分歧所导致的困扰。"存在主义思想家发现人类有两种不同的理解途径，一是神秘主义者的整合观，二是从局部去分析问题。盖布里奥·马塞尔（Gabriel Marcel）曾经指出，存在本身是无法被解释的，你必须去体悟它，才能产生真正的了悟。法国哲学家巴斯可也否认宇宙和人类可以借由理性分析来了解，他认为透视事物核心的奥秘，才是了解人和宇宙的关键所在。马塞尔和巴斯可指的就是今日所谓的整合观，让我在此阐明一下这两种让西方人解离及过于强调智力的思想途径。

古代神秘主义传统（现代心理治疗技法的前身）告诉我们：人类的意识之所以会受限，是以武断思想作茧自缚之故。研究一下西方文明的发展史，我们会发现希腊对科学及理性的强调乃是文化发展上的一个转折点。那个时代人类对自身及宇宙的认识有了巨大进展，但希腊文化带来的贡献不只是对自然律的发现，同时也延伸至对个人内在生活及成长的认识。希腊哲学最重要的概念就是“认识你自己”(Know thyself),“哲学”这个字的意思则是“爱智慧”。对希腊人而言，科学不只是搜集一堆数据，借此来获得一些发现，而是对生命和大自然底层的核心真理做出系统式研究，并试图去发现生命本身的宇宙法则。对希腊人来说，理性不仅仅是计算机般的逻辑计算，也是奠基于优雅及平衡法则之上的整合分析与直观认识。

许多现代科学家仍然相信，最融通的理论必定是最优雅，最能带来美感，而且是最单纯的。但许多科学家已经忘记了这份理想；他们由于过度强调理性分析，而忽略了融通的真理。若想发展真正的科学精神，就要尽量避免把自己的期待、欲望和成见强加在他人的思想上面，如此人类的性灵才能自由地成长，臻于成熟。大部分的科学家，包括心理学家在内，都限制了对自己、人类及其潜力的观点。当一个人在自己的心智外面筑起一道墙时，其实并不能影响墙外的世界，而只会阻碍自己看到外界的真相，甚至扭曲了整个生命结构。透过分类和设限来了解生命，而且是奠基于思想上的偏见和情绪上的预设，只可能为自己带来局限；事实上不论我们说了什么，真相仍然是真相。我们的教育机构或许可以从铃木禅师那里学到有益的功课：

> “初心”乃是我们本自具足的心，它是一颗空寂而准备好去接受的心。如果我们的心是空的，它就能随时准备好去接受，对一切抱持开放态度。初学者的心中充满着各种可能性，老手的心却没有多少可能性……初学者的心中没有“我已经达成了！”之类的念头，这些自我中心思想只会限制住我们广大无边的本性。当我们的心没有任何成就欲或私欲时，我们就是真正的初学者，如此才能真的学到一些东西。

人的智力主要是用来操纵外在世界的，自从理性主义在欧洲登基之后，我们很清楚地看见西方科学及科技的蓬勃发展，同时也发现唯物心理学方面的研究并没有促使我们对人产生更多了解。直到近年来，理性和智力才跟主观经验的感受及直觉达成平衡。

所幸某些心理学支派已经开始试图了解人的内在本质。理性分析既不能证实也无法驳斥哲学及宗教对生命根本议题的看法，这些看法是每个人心理结构的基础。实证哲学可能是这种分析途径最极端的示现，它以最彻底的抽象思考作为目标，却不具备太大的意义，但意义才是人所需要的；了解人对意义的需求，才能带来心理上的健康和圆满感。意义产生于内在而非外在，因此分析途径永远无法满足人的这份最深的需求。

心理学家威尔森·冯·度山（Wilson Ven Dusen）也表达过同样的想法：

> 当世界不再被视为物理学家眼中的抽象或客观宇宙——一种完全非个人性的世界，生命才可能变得更合理。物理学家以便捷的方式把世界看成一种概念性结构，但是就个人的心理而言，这种看法却大错特错了。个人的内心世界才是我们真正熟知的，不过这个世界只能以个人的主观意义来加以描述。当我入睡时，这个世界就关闭了；当我感到乏味时，世界的时间也跟着减缓下来；当我有兴趣投入时，世界会跟着加快速度……人生活的世界本来就是个人性的世界，譬如闪电和雷鸣对我而言是美妙无比的，但它们对你而言是否另有意义呢？客观的、非个人性的闪电和雷鸣，又代表什么呢？这些都只是被报道的事件罢了，因此对个人世界是没有多大意义的。没有人会真的

关注非个人性的客观世界。

法国生物学家与人类学者德日进，也质疑过所谓的“客观”知识的有效性：

所谓的真理只是整体宇宙与其细部的关系。我们为什么会怀疑或低估这个整体？只因为我们自己是观察者吗？我们不断地听到人类本是宇宙中心之类的观点，但这种观点与客观现实是相左的。事实上这种界分根本不存在，人类的真相就是宇宙的真相；换句话说，真相只有一个。

德日进说过的这段话提供了简明扼要的理论。这种人和宇宙乃是一个整体的观点，证实了传统以地球为中心的占星学的有效性，也证明了古代作者提出过的小宇宙与大宇宙相关的观点。

为了阐明人类为何过度偏重客观性，我们必须把荣格的人格理论也提出来探讨一下。根据荣格的观点，人类的认知有四种方式，荣格称其为四种基本精神作用力：思想、感受、知觉以及直觉。思想与知觉可以分成一组来看，因为分析思维本是奠基于感官知觉到的外在信息。直觉与感受也可以列为一组，因为这些作用力是从个人内在产生的，并不完全受社会文化所局限。此外借由直觉和感受获得的知识多半是直观和个人性的，换言之，是无法被客观证实的。（由于这四种作用力可以分成两组不同的认知方式，所以我将采用思想和直觉这两个词来做区分。）思想这种作用力是借由系统式分类以及对事实的辨认而运作的，同时还得仰赖我们所采用的逻辑模式（不同的人当然会有不同的逻辑）。直觉却涉及一个人当下的洞见，以及对眼前系统的运作的觉察。直觉指的就是人的直观力，它能超越、穿透或绕过较为迟缓的逻辑分析。现代科学之所以彻底忽略人类的直觉作用，或许是因为科学假定直觉只是一种受个人感觉所左右的偏见，但直觉其实是一种极为清明的洞见，感觉则是从含糊的潜意识里产生的作用力。直觉和人的审美能力息息相关，因为伟大的艺术作品所呈现的秩序及和谐性，是不需要借助理性分析就能洞察到的。艺术语言比客观理论或数学更接近人类的直观本质，犹如怀特在《对形式的强调》一书中所言：

> 以非语言形式呈现出来的直觉，比语文和数学系统所能领略的事物的范畴要宽广得多。

伟大的德国诗人歌德也描述过他对直觉的偏好："我渴望以绘画的形式来摩拟大自然的展现方式。"若想建构一种描述人和人的经验的心理学，就必须运用到直觉，诚如心理学家度山所言："有人若是主张小说家、诗人或音乐家比心理学家运用的语言更接近人类经验的本质，我是不反对的。”我们应该在这段话之外再加上一句话，那就是占星学的象征语言比心理学家的语言更接近人类的本质。

为了了解直觉的运作机能，我们必须先认清想象力和直觉并不是逻辑分析的产物，因此真正具有创造力的人，往往会威胁到主流社会的价值观和思维方式。如果这些人的洞见并不是来自主流社会的教育或文化模式，那么这份创造力到底源自何处？新颖的洞见和想象都是出自人类的直观力。人类的智力受制于许多元素，但直观力似乎没什么局限。

让我们厘清一下人类在认知上的不同途径：

	思想	直觉
a 假定：	因果律	无须依赖因果律（在整体之内得到调和）
b 目标：	分辨与分类	综合与秩序
c 达成概念的方式：	静态的	不断进展以及顺着秩序改变
d 进行的方式：	按规律进行	同时发生
e 语文：	注重量 （运用精确的语言）	注重质 （运用感受、视觉和艺术感）
f 方针：	解决问题	探索奥秘
g 研究领域：	整个系统的细节与内容	整个系统及其形式和模式
h 语言构成单位：	符号	象征
i 运用领域：	外在世界	内在世界

从以上的描述看来，智力揭露的是外在世界及物质运作的秘密，直觉揭露的则是内在世界及个人经验的奥秘。在精神科学上融合这两者是比较理想的。心理学本来就是在研究人类的内心世界及其经验的意义，因此直觉不但应该占有重要地位，而且是深入了解个人的主要途径，理由是人类的主观经验本身就是一种“质”。分析途径早已具备量化的数学语言来描述其发现，但直觉途径到目前为止尚未拥有被大众接受的语言，足以表述在“质”上面的发现。

占星学一向是一种表述“质”的语言，它能够有效地描述人类的经验和主观性。目前只有少部分科学家及学院派人士能够接纳占星学，视其为满足这份需求的解答，社会大众却很自然地把占星学看成是理解其经验的一种方式。换句话说，占星学如同化学的周期表一样，能够辅助所有的治疗艺术，包括医学、心理学与精神医学在内。吉波拉·杜宾斯这位心理学家一直致力于整合心理学与占星学，她称心理学为“人类对宇宙整体秩序的洞悉，而且已经成功地转化为概念形式”。她同时提到：

人类似乎发展出了两种主要的宇宙性语言，可以用来象征性地描述现实以及将现实分类。其中的数学语言是量化的，能够用来描述任何一种可以被衡量的事物。占星学则似乎是一种宇宙性语言，而且是质大于量的。我很确定那些目前盛行的诠释人格的心理学体系将会在未来逐渐消失，被经过净化和统合的心理学取代。这似乎是无法避免的趋势，因为占星学在人格上的分类方式，比心理学更能提供显而易见、可以预测，又足以解释复杂人性的诠释系统。

这两种认知上的不同途径，很自然地带来了两种不同的证据类型，一是静态或客观的，二是经验性的或存在式的。让我们再检视一下与占星学有关的证据问题。

占星学的证据：为什么以及如何？

虽然现代占星学家正在促成占星学方面的统计研究，但我们必须认清我们无法仰赖统计学来解释所有事物，因为生命的质与经验无法服膺于这样的研究。事实上，即使统计研究揭露了某些重大事实，仍然无法解释那些现象是如何运作的。举个例子，科学有许多经验法则是被实验所证实的，但是到目前为止仍然无法提出合理的解说。天文学里有一个最佳范例，就是所谓的“波得定律”(Bode’s Law)，这个法则和行星与太阳的距离有关。如果我们写出一列数字 0、3、6、12、24、48、96，然后每个数字再加上 4，就会得出 4、7、10、16、28、52、100 这几个数字。波得定律阐明行星的距离就是按照这样的顺序排列的。换句话说，水星和太阳的距离是 4 个天文单位的话，金星距离太阳就是 7 个天文单位；地球是 10 个天文单位；火星是 16 个天文单位；木星是 52 个；土星则是 100 个天文单位。但 28 这个数字一直都找不到什么关联性，直到小行星被发现为止。天文学家将此定律的范围扩大到 100 个天文单位时，便测知了天王星、海王星及冥王星的存在。在科学探索的历史里，最令人振奋的一页就是发现了三个外行星乃是以数学秩序存在的。这项成果主要就是归功于波得的直觉，但直到今日仍无法提出任何理性解释。因此在运用统计学的时候必须十分谨慎，也无须对它抱持过高的期许。

统计学的局限性就在于它只能用来处理集体的“量”和概略性现象，而无法处理和个人或“质”有关的现象；后者正是人本心理学和占星学的研究焦点。如同心理学家罗洛·梅所指出的：

> 如果你把一群人拿来做统计上面的预测研究——这显然是正统心理学的一种做法——就等于在下一个与眼前这个人无关的定义。或者当你把他看成是由某些驱力组合成的东西时，你也是在研究一个与经验者无关的事物。

但占星学在这方面却是独特的，因为它包含了正确性和艺术性，又能照顾到细节上的精确性和科学性。如同丹恩·鲁依尔所言，占星学强调的是“生命的活动与基本能量的周期循环，而且把人的存在视为一种阶序性的改变过程，里面是带着目的和意义的”。鲁依尔继续谈到占星学的计算方式是一种象征系统，必须转译成与人格特质有关的语言：

> 爱、对美的反应、个人的性格都是无法从“量”上面去测度的，除非你把人变成一部计算机般的机器；这就是目前的科学试图对人做的事。

根据鲁依尔的说法，占星学主要处理的是存在的质量，只有采用这种以质为主的语言，才能超越统计上面的研究。

荣格也写过与统计的局限有关的观点，他在《未发现的自性》一书中说道：

> 统计显现的是一般的事实，但无法让我们了解经验性的现实。它虽然能反映事实的某些面向，却可能以最误导的方式曲解真相，尤其是那些奠基于统计的理论。真正的事实最显著的一点就是它的个体性，我们甚至可以说最真实的画面往往跟既定的法则毫不相干，因此绝对性的现实往往带有违背常规的特质。
>
> 科学教育是奠基于统计数据和抽象知识上面的，因此对世界的观点虽然合理但不真实。从这类观点来看个人，就好像他

只是个无足轻重的边缘现象，然而这个被视为非理性数据的个人，才是现实真正的载体。这个具体的人是跟不真实的理想对立的，正常人则是跟科学理论对立的。我们绝不能低估统计学对心理造成的影响，因为它对数据的偏好远远超过对人的重视。

由于占星学能提供我们一套特殊的公式，以及原型式通则，所以可以成为理想的心理学工具。虽然占星学处理的是原型式通则，但它也能借由本命盘提供一种简明易懂的象征系统，让我们认识个人的独特性。事实上，大部分的占星家之所以仍沿用以地理位置为准的计算方式，就是因为他们重视以地球及个人为中心的占星学，远胜于所谓的客观架构。

虽然这一点一直遭到批评，但是对于住在地球上的人而言，这个星球就是他们的世界重心，如同个人就是他的世界重心一样。在探讨占星学的时候，真正应该提出来的问题是：占星学究竟能提供什么样的核心价值？在心理学的范畴之内，它能否带给心理学家及个案真正的帮助？其他有关占星证据的议题，都只是学术上的讨论罢了。当我们看见越来越多的心理学家、心理治疗师及一般大众都在运用占星学，而且发现它的确是有价值的，那么我们就必须假定它是一个有用的工具。对那些“深知”其价值的人而言，占星学能否被正视的问题，从来都不是重点。在过往的40

年里，运用不同疗法的心理治疗师，一向比理论家要领先许多年，因此我们也不该期待科学及学术机构提出“证据”来证实占星学的有效性。不过的确有另外一种证据，亦即占星学及哲人丹恩·鲁依尔所谓的“实在的证据”。

鲁依尔认为只有这种“实在的证据”，才是跟个人真实的情况有关联的东西：

> “实在的证据”不能奠基于一般的分类法，它只能从复杂而又无法复制的个人经验里，取得它所需要的证据。如果研究了占星学及精确的本命盘之后，一个人首度发现他的那些看似混乱又毫无目的的生命遭遇原来是有目的、有意义的，同时也发现自己如何障蔽了对这些事件的领悟，那么占星学就得到了一份实在的证据。

对许多占星家而言，企图把占星学变成传统的科学类别之一或是建立一个纯属客观的统计架构，意味着牺牲掉占星学最深的意义和独特性，因为这个做法势必会轻忽占星学原本的宇宙性及完整架构。那些想要创造出现代占星科学的人其实忽略了一个事实，那就是占星学真正的优势就在于它可以适用于所有的人，而且是范畴最宽广的宇宙性语言。它的科学面向显现于精确的计算上面，但这只是占星艺术的原始材料罢了；身为一门艺术，该如何创造性地应用自己的科学元素，这个考虑是不该奠基于统计学的基础之上的。把占星学变成一门客观的统计学不但会减低其精致性，也会丧失它为人的灵魂带来最深意义的机会，如同安娜·克雷柏（Anna Crebo）所言："这么做就等于将一种宇宙性语言局限在有限的概念里。或许这种语言只能转译成视觉形象、态度与特质。"

瑞士的内科医师亚历山大·鲁伯提（Alexander Ruperti）表达了相似的意见：

> 很不幸的，科学态度强化了心理层面的混乱，因为它破坏了个人的价值，而且它制造出的程序及机械化生活，破坏了人对自然和生命韵律的参与感。现代人似乎忘记科学主要的目的只是要建立集体性的法则。环境科学并不能为人类带来意义和目的；它呈现的只是冰冷的事实，甚至是不该改变的。但是从长远的角度来看，事实往往因为宇宙的周期循环，很轻易地就改变了。
>
> 把占星学变成一种科学知识又有什么价值呢？它的基本哲学和技巧本来是可以解放人类、让人不再受科学束缚的。把占星学奠基于它本有的基础上面，让它和科学产生互补效应，让现代文明、意识及思维导向重新联结自然的韵律，不是更有价值的做法吗？科学只能带给我们知识，如此而已。它完全无法解释宇宙最深的肇因，也不能让我们理解人的价值和生

命目标……占星学带给人类的礼物，就是它对科学无法解答的领域提供了解释。我们需要更大的视野以及更具有建设性的想象力，但前提是必须从目前的分析途径和数学统计之中解脱出来。整体永远比局部要大，因此搜集再多的数据——尤其是关于人类外在行为和性格特质的数据——也永远无法揭露一个人最深的生命目的。

尚未有能力欣赏占星学在新形势的心理学之中扮演的角色之前，我们必须先检视生命底层的原型和宇宙性要素。

第四章　原型及宇宙法则

对世俗事物必须先有认识才能产生爱，对神圣事物则必须先有爱才能产生认识。

——帕斯卡尔

哲学的目的曾经是寻求事物的精髓以及底层的本质，而且是基于对智慧的热爱，但如果从现代科学的角度来看，或许可以说是寻求现实的“原型”次元。然而今日任何一种对事物精髓的追寻，都可能被冠上“玄学”的称谓，可是当我们检视周遭世界、试图为自己及大众的人生找出一些意义时，就不得不承认凡是意义都会涉及隐微的玄学。不论我们积累了多少知识，总是很难找到真正的意义，除了那些能够指出人跟宇宙的合一性的研究领域之外。人跟宇宙的一体性就是占星学真正的基础。

此外，比较宗教及神话学是另一个可以显现这种合一性的学术领域，但本书无法详述荣格在这方面的贡献，因为他的全集呈现出的智慧乃是毕生的学术研究的结晶。荣格无疑已经阐明人类心理模式之中最重要的生命动力，亦即所谓的原型式要素。这些深埋在心理底层的原型是与生俱来的，荣格称之为集体潜意识，并将其描述成个人与集体心理底层的宇宙法则。在占星学和神话学里面，最重要的研究目标就是这些宇宙法则。这两者的差异就在于神话学强调的是这些原型显现出来的文化现象，而占星学则是用这些原型法则来理解人或社会文化的基本模式及势力。从历史来看，神话与占星学之间一直有紧密的关系，事实上占星学可以看成是人类文化之中最简明易懂的神话学。如同本书前言曾经提到的，任何一个文化里的神话，都能够让人认识人和宇宙的关系。近年来占星学之所以有明确的再生现象，就是因为西方文化对神话学重新产生了需求；人类需要一种成长的典范和秩序来引领集体意识，为生命经验带来意义。如同坎伯所言：

> 为什么神话里的非现实性主题能够为人注入活力，产生教化作用，而且带着一种天命难违的美感？为什么每当人寻求生命的保障时，不会去选择现实世界里的事实，而会去选择那些无法追忆的古早神话？……

坎伯提出的这个问题最明确的答案是，神话里的神祇（如同占星学里面的行星）代表的就是宇宙法则和背后的势力。从荣格的实验我们获得一个结论：人类的原型基础可以引领我们去了解这些法则，而近年来的比较宗教和人本心理学在这方面也有许多研究。我认为占星学之所以能够让我们理解这些基本势力和运作力，乃是因为占星学是人类已知的语言中最显明易懂的，如同坎伯所言：

事实上，许多文化里的神话在潜意识和显意识两种层次上，都带来了能量的解放、生命的原动力以及人生的指引……

人需要经历阶段性的转化，因此神话也必须跟着改变，来适应新的存在层次。随着人类意识的净化，神话也必须跟着改变：

如同肉眼可见的植物及动物王国一样，神话世界也有其历史演进的过程和一连串的改变，而且是由宇宙律法所掌控的。

虽然人对这些神祇及宗教的理解已经改变，但是这些事物仍然以某种形式继续存在着，因此占星学也不会因为人类的理性分析而消失。但是我们必须重新评估我们对它抱持的态度，不再视其为一种象征命运的线索，而应该利用它来了解我们的生命本质，体悟我们在宇宙里的位置，帮助我们活出创意和圆满性。换句话说，占星学应该被看成是可以善用的神话学。现代西方人已经不再满足于无意识地依循过时的神话、僵固的教条或是一些古老的传统。

他为了摆脱这些局限及传统，却摆荡到了另一个极端。他已经丧失了与原型的联结，也失去了这种联结带来的支持和心灵滋养。因此我们可以运用占星学来联结自然、核心自我以及宇宙的进化历程。

宇宙法则

然而“宇宙法则”究竟是什么？从定义上来看，它们位于个人与超个人的边缘，因为它们是促成物质各种模式背后的势力。许多科学家已经相信，在一切生命背后都有无形的构成模式，一种能够引领和决定能量运作形式的精神模式。自然背后的这些模式，可以借由生物的进化或人的生理及心理发展看出端倪。另外一个经常被用来描述这种现象的词汇，就是所谓的“形式”。怀特最重要的著作《对形式的强调》，就是在处理所谓的“生命构成法则”。他说过：“自然律法最显而易见的特质，就是这种构成形式的倾向。”

“形式”乃是人类最古老的概念。希腊有许多理论都在阐述所谓的完美形式，譬如柏拉图的永恒形式、欧基里德的空间之定量关系，以及毕达哥拉斯对数字以及几何学的研究。在中古世纪，人们普遍认为每样事物都有其核心精髓；此精髓并不是一个静止的东西，而是所有活动的源头。当时的人认为，最深的实相是由无数的精髓组合成的，而哲学的目的就是了解这些精髓。事物的精髓便是它存在的基础以及构成的元素。对中古世纪的哲学家而言，自然之中的各种形式并不是静止的存有，而是概念的具体化显现，很类似柏拉图所谓的理念。这些永恒理念的源头便是所谓的宇宙意识。人类的一切理念和所有形式的精髓，就是源自于宇宙意识（与荣格的“集体潜意识”很类似）。奇怪的是，现代物理学正在回归这些被嘲笑已久的概念。我们现在被告知说，人类看见的一切事物的实相，原来只是能量的振动。科学家发现物质的粒子原来是一种延展的模型，物质的原子则是一种能量场。或许我们会再度需要宇宙意识的概念，来帮助我们了解模塑一切形式的精神是什么。

对形式的研究或许能揭露事物背后的无形能量，让我们了解一切事物之中难以捉摸的精髓。怀特曾经说过：“若想真的了解任何事物，我们就必须深入地洞察其终极模型。”这句话之所以属实，乃是因为底层的模型似乎决定了事物的构造。这个事实让我们更能肯定整合性的研究途径。如同怀特所言：“如果从原子论的宇宙观来看，事物的形式几乎是不可能发展出来的。”根据怀特的说法，理解宇宙真正的构成法则，不但能帮助我们了解物理学及生物学上的构成理论，以及心智的运作模式，同时还能帮助人达成内心的祥和：

目前西方科学传统已经对东方的古老教诲有了认识。人类若想达成内心的祥和，必须给予宇宙法则最高的重视。

发现事物优雅本质的时机已到，所有的形式之中都带有这种合一的历程。它能够调和事物的差异。我们必须重新强调宇宙法则，如此才能恢复事物的平衡性。

占星学能提供给人类的就是一切形式之中的合一性。占星学把每个人都看成是一个整体，或是宇宙法则的模式及能量的独特表现。传统占星家和哲学家把黄道十二宫看成是“自然的本质”，它为生命带来了形式和秩序。占星学本是一种宇宙法则语言，一种观察个人生命形式及秩序的方式，同时也象征着个人和宇宙要素的一体性。现代占星学不能再奠基于错误的假设——人的存在只是构成生理及心理现象的宇宙势力之总合，事实上，人本来是一种独特的形式，能够展现出人和宇宙元素的特殊关系。

如同怀特所言：“宇宙万物都跟我们的本质、需求及潜力有某种关系。每样事物的过程都能反映我们内在的历程，激发我们的某种情绪，但我们可能无法察觉到它。”怀特指的就是传统占星学所谓的小宇宙与大宇宙的关系。换句话说，个人内在的作用力和要素，往往能反映宇宙的构成及法则。如果用现代语汇来表达，我们可以说宇宙乃是由相互渗透的能量场所构成的，而每个人的能量场都跟大宇宙的能量场息息相关。占星学最大的价值就在于，它能帮助我们了解在我们身上运作的宇宙要素，借此我们会对生命的宇宙法则有更深的理解，现代科学已经把指纹、心跳扫描仪和大脑X光片看成是有利的工具，这些工具多少显现出了人类能量的振动韵律。占星学的本命盘就是一个完整的图像，借由它我们可以了解宇宙性的韵律和能量如何在个人身上运作。

在占星学之中能够处理宇宙法则的理论，主要就是荣格提出来的“原型”架构，但原型并不是一种物质架构，而是“与水晶的轴心类似的系统。它虽然没有属于自己的物质性质，却能形成结晶体……原型本身没有任何实质性，纯粹只是形式或预先存在的可能性”。荣格继续说道：“据我来看，原型的本质是很难意识到的，因为它是一种超验状态。”另外一位荣格学派精神医师爱德华·惠特曼(Edward Whitmont)也提到原型乃是一种”超心理及超验能量”。他认为“原型能量场”与占星学的行星有关,并且将原型定义为“宇宙性的模式及原动力”。因此原型很显然类似怀特所谓的构成法则，而占星学的要素代表的就是这些东西。

如果原型是一切精神生活的基础，而且的确是超验状态（精微到无法立即觉知），那么我们就更需要一种可以描述它的语言。我们若是无法意识到它们，至少也该了解它们是如何运作的，或者对我们有什么意义；方式就是透过占星学来了解这些势力。不论我们对这些势力加上何种标签——宇宙法则、原型、精髓或是构成法则——它们都不断地在影响我们的内心与外境。此即许多心理学家、精神医师和咨商师开始运用占星学来了解个案的心理动力的原因。荣格自己曾经说过，他时常运用占星学来了解某些难以理解的个案：

虽然身为心理学家，但我最感兴趣的却是天宫图为复杂的个案性格带来的解说。当我面临难解的心理状态时，我通常会参照当事者的天宫图，试着从截然不同的角度来深入了解此人。我必须说我经常发现占星学的数据的确能提供其他方式无法提供的解说。

有一本法国占星杂志曾经访问过荣格，当时他说了下面这段话：

有件事是很确定的，那就是当你发现一种明确的心理状态时，你将会在星盘的行星座相上找到类似的情况。占星学是由代表集体潜意识的象征符号组合成的：行星就是天上的神祇，象征潜意识里的势力。

在同样的一篇访问里，荣格也谈到个人内建的精神模式“似乎可以完全从星宫图里看出来”。荣格在他的许多著作中经常强调，占星学涵盖了所有的古老心理学知识，包括个人内建的心理模式在内，同时又能精确地预测生命危机发生的时段：

我观察过许多个案，发现他们星盘里的行星，往往能显示心理发展过程中的明确阶段或重大事件（尤其是土星和天王星的困难相位）。

爱德华·惠特曼也写过类似的东西：

从更高的层次来看，占星学对深层心理学家的价值可能不亚于梦的解析。占星学能够提供的不只是未来将会发生的事件或固定的性格特征，而是一个人会去抗拒的潜意识基本动力及模式，而且终其一生都会以自己的方式持续地反应下去。个案的这种性格特质完全包含在星盘的宇宙符号之中。

我早先提过的心理学家吉波拉·都宾斯，也说过占星学可以是一种心理治疗工具：

首先，占星学能提供给我们一种人格系统的外在参考架构，因此它比人格研究领域制造出的人为系统更优越。我们几乎可以确定未来的心理学将会采用这种宇宙性的诠释系统。它提供了一种象征人类心智及命运的蓝图，而且不像许多心理学的简易测试，可以被测试者的主观好恶所操控。它能够让当事者产生某些洞见，让他们看到从未表达出来的价值观或压抑下来的情绪，或是从未面对过、时常投射到外在事件和关系上面的冲突与矛盾。它能提供线索，帮助个案发现自己的潜力、才华，找到整合及升华的自然管道，借由本命盘呈现出的过去及未来的心理模式，治疗者能够获得一些个案早期创伤事件的线索，同时能看出个案未来面临的压力时段……星盘也可以帮助雇佣双方、婚姻伴侣以及治疗者和个案，了解两者之间的相称性。我深信未来的心理治疗或心理咨商将会固定地采用天宫图，就像我们现在采用个案的背景资料及访谈一样。

另外一位心理学家罗夫·麦兹那（Ralph Metzner）也出版过一本与占星学有关的著作，书名是《意识地图》(Maps of Consciousness)，他也经常运用占星学来进行治疗：

身为心理学家与心理治疗师，我一直对占星学这个既令人困惑又令人着迷的主题感兴趣。这个心理类型学及诊断方法，比任何一种分析系统都要更复杂更微妙。占星学的星座、宫位及行星相位，比心理学的人格类型、特征、动机、需求、因素或评量系统，更能阐述人类本质的多样性。

占星学还有另一个优势：它是独立于主体行为之外的一套诠释系统，因此可以摆脱掉任何形式的心理偏见……占星学不像其他人格评估方法，因为它具备一种先天的动力。由一位经验老道的专业占星师来诠释星盘，不但能综合性地描述一个人世代相传的倾向与性向，而且能指出此人的潜力和必须发展的方向。简而言之，占星学能提供自我了悟的发展地图。

在同样一篇文章里，麦兹那也提到占星学应该成为心理学及精神医学的附属品，同时他把占星学定名为“运用于心理治疗的天文学”。

只有象征性语言才能带来充足的宇宙性，而且能超越文化、国族及教育背景的限制，应用在各式各样的人身上。心理学人格理论的问题就在于只能应用于少部分人身上，但占星学却是最完整的人格理论；它能够统合并提供一个基础给其他专业理论。占星学之外的其他象征系统虽然对某些人也有帮助，但缺点是缺乏外在的参照物，也没有精确的计算方式。占星学包含了象征符号以及数学计算方法，并且能将两者混合成和谐系统，因此比任何一个系统的应用范畴都要宽广得多。占星学不但能正确地描述意识的类型、个人的独特性和差异性，以及在一个人之中的能量运作模式，同时还能揭露宇宙律法的两极性、调和性，以及身心两个层面的能量。

第五章　占星学的理论基础

未知的必须借由更深的未知来获悉，隐晦的必须借由更隐晦的来明了。

——古老炼金术格言

因果律途径

“占星学究竟是如何运作的？”这个问题可以借由几种理论架构予以厘清。如果把占星学看成是一种因果理论，我们会发现有越来越多的证据足以支持占星学的有效性。其中最常见的对占星学因果律的解释，就是所谓的“宇宙性先决条件”。它指的是在人和太阳系之中维持巧妙平衡性的电磁场。当行星的位置改变时，这个电磁场就会产生各种变化，科学家瑞克斯·佩（Rex Pay）对这一点的解释如下：

史利普（Sleeper）曾经指出过，我们可以把地球和大气电离层之间的中空地带看成是一种共振系统，它有一种典型性周期，大约是八分之一秒的时间——光环绕地球一周的时间。此共振频率大约是八个 cps.（每秒周数），类似于人脑的阿发波。史利普认为这个电磁场或许能提供一种精密的机制作用让此共振发生。如果人类的行为真的被这个共振频率所影响，那么行星就可能在人类的事务中扮演重要角色，而且超乎过往所假设的。

这种理论认为人类的神经系统会被宇宙大环境的改变所影响。

除了格林（Glenn）发展出来的电磁波理论之外，并没有令人满意的理论足以解释占星学的因果架构是成立的。格林主张占星学的纯科学因果理论并不难掌握，他画出了以下这个有关因果律的链锁图来解决此类问题。虽然格林认为这只是因果作用力的可能性之一，但此图的确可以用来解释占星学。以下就是他画出的图示：

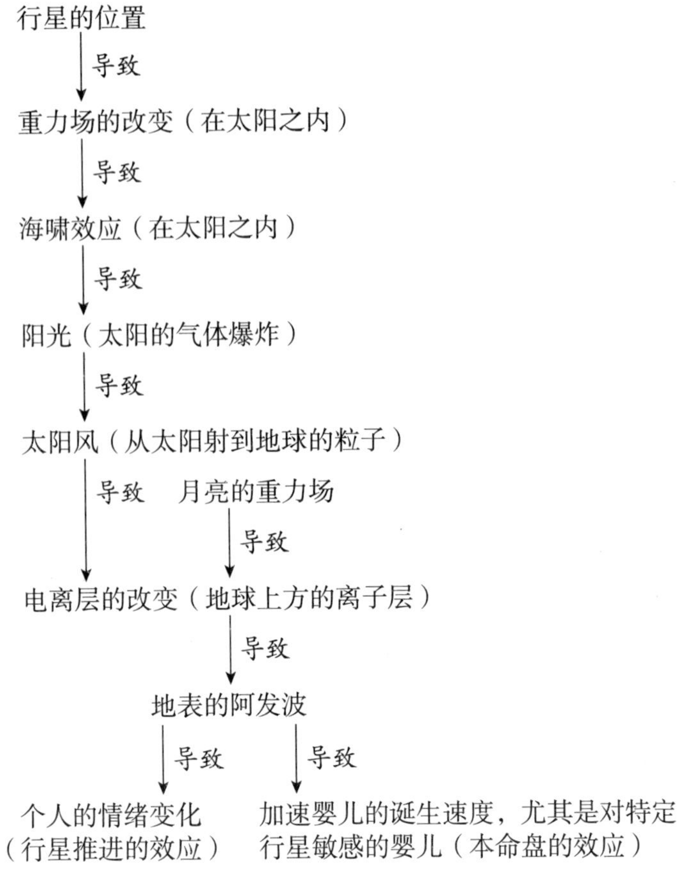

上面提到的“加快诞生速度”这件事，指的是捷克医师尤金约纳斯（Eugen Jonas）提出来的一个观点。如同格林所言：

约纳斯发现婴儿在诞生的那个时刻，新陈代谢可以说达到了巅峰。他会将肾上腺素释放到母体的血液中来促进自己的诞生。他的实验显示，这个巅峰时刻往往会在个人的日月形成某个角度时出现。对这个现象最合理的解释就是胎儿有一种与生俱来的人格特质……诞生时刻的行星位置会强烈地影响胎儿。因此你的本命盘的确能显示出你最敏感的行星位置。

象征途径

另一种占星途径可以称为“象征途径”，它将行星和星座视为宇宙法则和宇宙进化的象征符号。以下这段解说是从艾柏丁（Ebertin）的理论撷取来的，其内涵是对照十二星座与节气的关联：

星　座	节　气	心理状态
牡羊座	萌芽期，外显的能量	意志力，行动的驱力，进取的精神，自我意识，领导欲
金牛座	形式的创造期，鼓舞和强化的能量	坚忍稳固，有模塑的能力，具有形式感
双子座	苏活及绽放的时节	活泼，多才多艺，肤浅
巨蟹座	受胎及施肥的时节	丰富的感受，为人父母的感受
狮子座	种子的成熟期	创造力，意志力，自信心，子嗣，重视所有的产物
处女座	收成和利用的时节	勤劳，关怀，整洁，喜欢家居生活，具有批判才能

星　座	节　气	心理状态
天秤座	适应天则以达成平衡	有正义感，追求和谐，能够与人共鸣的时节
天蝎座	生命终止的时节	有耐力和持久力，为了生存而无情地奋斗
人马座	冬眠期	培养生命的灵性面向，为了未来而乐观地规划
魔羯座	所有形式结晶化的冬季	为了保有自我而无休止地奋斗，有耐性，执著于社会的具体形式
宝瓶座	春季来临之前的等待期	善于观察和规划，抱持期望的态度
双鱼座	种子在地底膨胀的时节	从老旧的事物中激起新的生机

黄道十二星座一向被人们按照其星宿的象征符号来加以分析。这所有的途径都有其成果，但不论我们采取的是哪一种途径，都必须承认占星学的确满足了人类的诸多需求，才可能维持那么长的时间，而且在许多文化中都占有很高的地位。在前一章里我们已经引用了几位心理学家的话，来证实占星学是最完整的象征语言，至于这些象征符号代表的是什么，并没有获得解答。其实象征符号代表的就是活生生的现实，而且是不能以其他方式表达的（至少到目前为止）。或许这个问题根本是无法回答的，或许人类永远无法用言语来描述宇宙的超验实相，不过我们仍然可以采用这种象征语言来代表宇宙性的法则、势力及模式，无论这些要素有多么超验。总地来看，占星学的象征途径必须奠基于整合途径

的框架内，才可能完整有用。

整合途径

整合哲学观假定宇宙是一个完整的系统，在这个系统里面存在着许多不完整的片段体；它们的结构、模式和作用力都跟这个整体息息相关。中世纪的占星家和哲人经常拿小宇宙和大宇宙的观点来描述这个概念：整个大宇宙都在人这个小宇宙里面；反之，天上的行星排列也可以看成是一个巨大的宇宙人。这样的模拟很接近单一原子和我们太阳系的关系。换句话说，原子就是整个太阳系这个大宇宙里的小宇宙。某位英国的玄学诗人称此概念为“一致性法则”。此途径的重点在于研究行星的周期循环和模式，以便让我们认清人身上的生命周期循环。

整合途径不假定因果律就是宇宙的终极法则，因为宇宙如果是一个完好的整体，就没有任何东西可以导致另一个东西了。其实整体内的每个部分都是息息相关的，这个古老的法则可能是更贴切的观察方式。荣格称之为“同时发生性”，一种没有肇因的联结法则；他说从占星学的角度来看，在某个时刻诞生出来的东西或做出的行为，不可避免地一定会带着那个时刻的特质。荣格举了一个品酒师的例子，这位品酒师可以透过酒的味道来判断这批葡萄是产在哪个区域，以及年份是什么。同时发生性可以解释为何本命盘必须按照一个人出生的时刻来设定，因为初生婴儿在那一刻开始跟整个大宇宙的韵律产生交感。

另一位心理学家吉波拉·都宾斯也就同时发生性提出了自己的观点：

> 我认为行星是整个宇宙秩序的一部分，因此它们的模式可以带给我们有用的线索，帮助我们看到无处不在的宇宙秩序。我认为行星在维持或创造这个秩序上面并没有那么重要，它比较像是代表这个秩序的地图或蓝图。

同样的概念也可以在古代和现代的文学及哲学里发现。譬如埃默森就曾经写道："在事物的每个细部上都可以看出构成宇宙的法则。"林肯·巴尔奈特（Lincoln Barnett）进一步地阐明："爱因斯坦的理论乃是要说明自然的一切形式——行星、光、电，甚至是原子之类的微小粒子——都遵从同样的宇宙律法。"因此占星学最大的价值就是将我们对宇宙律法的知识运用在个人的生活上面。

丹恩·鲁依尔比任何一位现代占星家或哲人更清楚地阐释了占星学的整合途径，也说明了心理学、哲学以及和人有关的一切事物之中的统合性。在过往的55年里，鲁依尔出版了十几本书，以及和占星学、心理学、文化、哲学等主题相关的上百篇论文，其中最为人熟知的是《人格占星学》（The Astrology of Personality）、

《占星学的实际应用》(The Practice of Astrology)、《新人类的诞生模式》(Birth-Patterns for a New Humanity)、《行星对意识的影响》(The Planetarization of Consciousness),以及《从占星学看心理情结及情绪困扰》(An Astrological Study of Psychological Complexes and Emotional Problems)。此外他也发展出了"人本占星学",这是一种现代化的崭新诠释途径,而且跟现代心理学技法完全相称。鲁依尔比任何一个人更周详地诠释了占星学,他的思想和现代科学、哲学及心理学里最乐观的洞见可以完美地融合在一起。

鲁依尔所有的哲学都是奠基于整合观上面的,此观点最基本的主张是:万物在各个次元的显现最终乃是一个完整而又息息相关的整体性活动。对鲁依尔而言,占星学是人类诠释这个整体的形式、结构及周期性的最完整语言。在他早期所写的《人格占星学》里面,鲁依尔把占星学称作"生命的代数",也就是一种理解生命的秩序的方式,包括个人和集体在内。他在近期的一本著作里进一步地阐明了这个观点:

> 当我们仔细地检视占星学带来的诠释和意义时,我们会发现这个象征语言代表的是宇宙整体的时空结构,它和个人或人类的发展是有关联的。占星学的确是一种诠释存在的整合性哲学,根据这门哲学,每一个存在的整体都包含在更大的整体之中,同时还有更大的整体将其包容进来。因此任何一个带有存

在性活动的有机系统，都是既能包含比较不完整的局部，也能被更大的系统所包含的。

在我看来，占星学主要是一门处理宇宙周期循环的学问。它所观察的是形式或完型，一种在每个有机系统的活动中内建的法则，因此这法则也存在于每个整体之中。但这并不意味着地球上的存有会直接受到外在的某些天体的影响。在某种程度上，占星学其实是在研究和理解每个整体性活动之中的驱力和主要作用力的序列。古人把这种概念诠释成小宇宙和大宇宙的一致性；但最初整个地球是被视为整体宇宙基本结构的缩影，后来人类的个体化过程开展以后，人类才从部落社会的全盘掌控中脱身出来，然后个人才被视为宇宙的缩影——当耶稣基督说“天国在你之内”的时候，他指的就是这个事实。

即使像德日进这么卓越的科学家，也肯定了整合观的价值。他曾经写到，对单纯的事物只能借由更复杂的事物来加以理解。心理学家罗洛·梅也说过同样的话：

如果从演化较低层次的简单元素来了解一个有机体，只会看到一半的真相，因为每个新的作用力都会形成新的复杂性，继而制约了整个有机体之内较为单纯的元素。

能量途径

就目前来看，整合哲学对许多人而言都是最令人满意的占星学诠释系统，但还有另一种诠释途径正在形成，这个途径或许能解决不同的观点造成的差异。这种观点主要处理的是每个人身上的能量运作模式，而这些能量都是由行星和星座所象征的。本书的第二部分就是试图从这个观点来系统地诠释占星学，其焦点乃是锁定在活化我们每个人的基本能量上面的。占星学的能量途径在本质上也是一种整合途径，因为它同时能容纳人的生命的所有面向。在此我必须强调的是，目前有许多研究都证实了自然界以及人类之中的确有精微能量的存在。事实似乎越来越证明，盲目地依循因果律的架构，永远无法让我们发展出占星学的综合性理论，甚至可能阻碍我们发展出占星学的正确用法及解说。如同亚历山大·鲁伯提所言：

> 虽然帕拉契尔苏斯提出了大宇宙和小宇宙的关系，鲁依尔提出了整体宇宙的每个部分都能和谐共振的法则，荣格提出了由同时发生性法则所掌管的时间之内的精神现象，但由于现代占星学追随的是科学态度，所以仍然坚持主张从客观的因果法则来看待大宇宙和小宇宙的一致性。如此一来，现代占星学反而因为迷信科学的崇高地位而违背了它的古老传承。

占星家真正的角色一向是也应该是阐明宇宙秩序，而且是就人的任何一个时刻的成长来说明的。目前占星学为物质次元带来秩序的功能已经完成了，因为现代科学比占星学在这方面的装备要精良多了。但是在心理的层次上，今日的人性却显然处在混乱中。基于这个理由，我认为占星学的最高使命仍然是提出心理层面上的和谐秩序的可能性，此乃现代人最关键性的需求。

第六章　人本心理学与人本占星学

在过往的十年里面，人们再度对人及其主观经验感兴趣起来。这种心理学途径被称为“第三势力”或“人本心理学”，它跟过去几个世代的心理学家所主张的机械化典范有明显的不同。虽然人本心理学的成长速度很快，而且越来越影响到其他的研究领域，但仍旧有许多老派的心理学家认为这是不够科学的研究门径。人本心理学是从整合观点来看待人类的精神和情感生活，它是一种综合性的途径，而且由于它强调的是主观性和完整性，所以自然不容易从客观和易于测量的角度来进行研究。虽然如此，还是有一种心理学工具可以用在观察人格类型及其差异上面，这个工具就是占星学。

但是人本心理学和其他研究人性的途径究竟有何不同？首先，所有的人本心理学家都相信人人皆有成长的潜力和完整的本质。如同心理学家罗杰斯所言：

主观的个人具有一种根本价值和重要性：无论他被冠上何

种标签或是以何种方式来评量，他永远是个人，而且是深不可测的。他不仅仅是一套机械装备，不仅仅是刺激和反应的聚合体，也不仅仅是个对象或抵押品。

另一位心理学家莫利斯·特默林（Maurice Termerlin）也写过：

人本心理治疗的目标不像科学目标那样是可以测量或控制的。事实上，越是成功的心理治疗，越难预测个案的发展，因为个案的僵固倾向会减轻，自发性和创造性则会增强。

特默林的这段话似乎跟流行占星学强调的预测面向有冲突，因为人本占星学的重点是放在人而不是特定的事件上面，就这一点丹恩·鲁依尔这位人本占星学最杰出的代言人曾经写过“事件是由人造成的”，此即人本占星学和其他类型的占星学最大的差异。同样地，强调人本的心理学途径对生理或心理疾病的诠释，也从辨认人会有什么问题，转向了辨认什么样的人会有什么样的问题。

人本心理学重视的另一个面向是人类的创造和自我实现潜力，这比他的局限、反常倾向以及适应社会的困难更重要。事实上，人本心理学是唯一可以让人发展出独特性及个人存在基调的途径，而占星学在这方面的研究一向是独到的。存在主义心理学家罗洛·梅把存在定义成个人的“潜力模式”，他说：“虽然人皆拥有这些潜力，但每个人身上仍然有其独特的模式。”这段引言也可以用在个人的本命盘上面，因为占星学的本命盘象征的就是每个人独特的潜力模式。

詹姆斯·布根绍尔（James.F.T.Bugenthal）是一位推广人本途径不遗余力的心理学家，他主编过《人本心理学的挑战》这本书。在一篇标题为“人这个难题”(The Challenge That is Man) 的文章里，布根绍尔写道：

> 阐述一个人如同阐述遥远的银河系一样困难。订定集体行为及其能量的律法，就等于提出一个有关人在世界的存在方式的假设。描述人类的经验，就好像试图描述采样片上的微生物一般……人本心理学家……将这种经验的基本主观论点视为努力研究的方向，我指的是我们对外在世界做出的任何一种说明，不可避免地会牵涉到当下的自我，许多作者都描述过我们所谓的客观性最终的主观性……人本心理学的复兴，意味着科学关注的焦点再度导向了主观性。

在这段引言里面，布根绍尔概略地提出了他对宇宙完整本质的见解，此乃占星学最基本的哲学前提。布根绍尔进一步地阐述了他所认为的人本心理学的主要目标：

人本心理学的终极目标就是要完整地描述生而为人的意义是什么。当然这并不是一个容易彻底达成的目标；但了解这项任务的本质仍然是很重要的事，而这样的论述势必得把人类的天分包括进来，也必须把他的感受、思想及行动的潜能包括进来，同时要考虑到他的成长、进化以及退化倾向，还有他跟各种外在制约之间的互动关系，同时还得考虑他的经验范畴和种类，以及他在宇宙中的位置的意义。

除非布根绍尔对占星学的运用和精确性很熟悉，否则他势必无法了解要达成这个目标是很容易的事。只要采用占星学作为心理治疗的工具，很容易就能达成上面这段引言提出的目标，也能保有人本心理学所强调的个人成长、潜能的发展以及存在的开放性。布根绍尔同时触及了预测性的问题：

人本心理学试图描述人及其经验，以便让人更能预知和掌握自己的经验（这会使人拒绝被人操控）。

丹恩·鲁依尔在他的著作中也提出了人本占星学所追求的相同目标，这种预知性和个人自由是不冲突的，因为人最终的自由乃是要选定心态来面对眼前的情境，如同心理学家罗杰斯所描述的：

我的观察一向侧重于内在的、主观的、存在性的自由，这份自由意味着为自己选择的存在方式负责，并且认清自己不是一个静止不动的产物，而是不断在显化的过程……再来要诠释的就是这份自由与内心的因果关系并不冲突，甚至是互补的。自由应该被看成是个人生命秩序的达成，如同马丁·布博(Martin Buber)所言："自由人……既相信命运，也相信命运能满足自身的需求。"他在世间自由地、自发地、负责任地扮演着自己的角色，让命定的事件穿越自己，也穿越自己的意志和选择。让我再引用布博的一句话："一个能够忘却因果、从内心深处做出决定的人……就是自由人，这样他所遭遇的命运就会变成他自由的对应物。命运不再是他的界限，而是他自我实现的契机。"

我们所提到的这份自由是存在于人这个主体身上的。个人透过这份自由去选择圆满自己，方式是在命定的事件里扮演自发及负责任的角色。这种对自由的体认才是我的个案最具有意义的发展方向，因为它能帮助他们在人际互动的过程中变成一个完整的人。

今日的人本心理学途径的缺点之一，就在于它虽然试图维持一种对个人经验的开放性和理解的态度，但却缺乏与个人相关的、不断在蜕变的分类法。若想发展成符合人本心理学终极目标的明确理论，就必须拥有这样的分类法。但我们却发现人本心理学仍然固守在一般性的诠释法则和既定的态度上面，而并没有发展出一种有用又明确的描述人格及人的成长的理论。许多人本心理学家迟迟不愿接受任何一种区分人格类型的法则，是因为他们发现这样的理论在过往的历史里一向被用在支持社会伦理上面，而且逐渐倒退成严重的心理治疗的障碍。同时许多人本心理学家现在都积极投入于超个人、超验或神秘经验的研究，这样的研究让他们面临了某些形而上问题及现实；面对那些层面的经验，让这些科学家意识到老旧的人格理论显然已经不适用了，因此我强烈地感觉到，带有足够的宇宙性又能提供现代人本心理学良好基础的，只有宇宙本身及其稳定不变的模式、周期循环和韵律。

过往的40年里，丹恩·鲁依尔一直在发展这种不是以事件为主的人本占星学。这种占星学是运用天体的周期活动作为象征语言，来表达个人和集体的生命基本模式。此种占星学主要是在处理整体性的形式和结构，为研究个人经验内涵的心理学提供意旨深远的基础。在这样的宇宙性背景之内，正常生活的每日经验以及带来成长的偶发危机，往往会变得更有意义，也更能被我们理解，如同鲁依尔所描述的：

重点是要认清任何一个时刻发生的真相，而且要将其调和到你存在结构的整个模式里。

那些从存在主义观点看待生命的人，很容易把一切事物都当成是荒谬的，据维克多·法兰可的实验显示，这样的观点会摧毁人的活力和健康。生命的意义比其他任何东西都能为人带来健康。生命的意义可以定义成穿越一连串彼此相关的人生阶段，每个阶段都能够为发生的事件带来一种参考架构。占星学最重要的功用就是把生命的意义彰显出来……

占星学之所以重要，就在于它能证实人生的意义是可以诠释出来的。

过往的数十年里面，占星学之所以会在科学和学术圈子里变得恶名昭彰，就是因为大部分的占星家都着眼于事件的预测，而非个人的内在生活。鲁依尔的人本心理学跨出的最重要的一步，就是把重点从外在世界转向了个人经验及成长过程的内在世界。虽然推进法和移位法之类的预测技巧，仍然在人本导向的占星学里占有一席地位，但这些方法已经不再是指出一些无意义的命运，而是从生命经验中看出成长的机会，然后把新的面向整合到存在的模式之中。换句话说，那些关键性的人生阶段，现在已经被看成是自我实现及成长的模式的一部分。换句话说，即使是困难的经验，也可以是正向和促进成长的。鲁依尔用以下这段文字解释了人本占星学所强调的这个新面向：

如果你希望占星学能展露它的精髓，就必须把焦点集中在它真正的特性上面——它能够阐明生命最完整的价值，而且是依个人情况而定的。

我们试图了解的就是整个情况背后的意义。行星的位置之所以重要，就在于：如果你明白宇宙本是一个完整的有机体，一个能够整合一切的系统，那么在这个系统里面发生的任何一件事，都有其地位和作用力。如果你想了解这个系统在时空之中的某个特定的焦点，你就必须把它看成是这整个系统的一部分。虽然个人似乎已经从这个系统中脱离出来变成一个自全的小我，一个小小的有机体，但这整个系统仍然不断地和个人进行和谐的交流。每个时刻的任何一个个体，看似已经从这个整体脱离了出来，但仍然是整体的一部分。占星学就是把人的所有运作活动和十个基本行星相连，每个行星都代表某种活动的明确特质。简而言之，它们代表的就是这个人的生命蓝图。

鲁依尔在他的《给新人类的占星学》（The Astrology for New Mind）中指出：

每个人都是一个独立的有机体，这个有机体之中有许多依照先天模式在活跃互动的势力，而这会建立一种人生目的以及和整体宇宙相连的基本关系。这个完整的有机体在根本上和更大的整体宇宙是没有差异的，个人的确是整体宇宙的一个特殊的面向，而且是集中于空间里面的某个焦点的。当他诞生出来变成一个独立的存有时，是带有特定需求的。当婴儿吸进第一口大气的那一刻，他的基本生命韵律会在特定的环境里建立起来。

如同鲁依尔所描述的，“每一个存在的系统都有其基本驱力或实质性元素”，而且地球上的人类就像行星在太阳系里的地位一样，是整体宇宙中的一个部分，因此我们可以在这个基础之上建构出一种宇宙性语言，来贴切地描述人的存在方式及其运作模式。在美国占星家年会里鲁依尔借由演讲总结了占星家们最重要的功用：

占星家要活出更有觉知、更有体悟的人生，亦即更客观地去了解你存在结构的基本要素的相对意义和特质，同时要了解你周围的人的存在……这便是一种智慧之道。

今日有许多人本心理学家试图创造出一种强调正向要素的心理学，这些要素包括自我实现、发挥创造力、发展高层意识，以及当下体悟自己的核心本体。不论是人本心理学家、教育家、咨商师还是一般人，都可能在占星学里发现最有效、最强而有力的工具，因为占星学为我们带来了一种语言，能精确地描述在我们之内运作的宇宙元素。

第七章　占星学在咨商艺术中的应用

前面几个章节已经概略地说明了将占星学应用在心理学的领域里的价值及功用。占星学也可以运用在其他的咨商领域，譬如婚姻咨商、儿童咨商、家族咨商，以及特定类型的心理治疗，或是在每日的生活里，无论有没有心理学家头衔的情况下进行的心理辅导。由于前面几章已经把最重要的理论说明了，因此本章我只想指出某些特定和实际的占星咨商的应用方式。大部分的读者都知道占星学有许多种类，而且基本占星法则的应用方式也有许多种。让我最感兴趣的还是心理咨商的领域，我觉得分享我的许多咨商经验，或许跟读者自己的经验比较能产生关联。

我特别要强调的是咨商本是一门艺术，在一对一的咨商之中，占星学的象征符号会显得特别鲜活。心理咨商是跟另一个人交换能量，也是一种阐明个案的整个生命情境和存在方式的方法。虽然我们可以借由经验、辛勤的演练以及自我检视来改善我们的咨商能力，但这门艺术本身是无法教授的，因为每个人运用占星学的方式都不相同。我自己并不喜欢扮演上师，我不想在个案面前讲个不停，或是为他们的两难之局提供一切解答。我很清楚地知道个案的开放度决定了他们将获得多少帮助，或者能借由和我的互动达成多深的自我认识。就每日的情境而言，这一点也是属实的：我们愿意付出多少，愿意面对自己的真相到多深，我们就能够有多少的收获。某些占星师仍然持续扮演算命师及万事通的角色，这代表他们的自我已经和扮演的角色纠结在一起了。不论社会怎么看待占星师，或是占星师怎么看待自己，他们毕竟只是个凡人，因为知识、理解和经验都是有限的。他们和一般人的不同之处，仅仅在于他们研究了占星学这个宇宙象征系统，因此有一个工具可以让他们洞察到自欺倾向、自我的表象以及社会角色底端的真相。

在占星学的日常应用上面，最重要的一件事就是占星师的诚实无欺。换句话说，如果他不知道问题的解答是什么，不了解本命盘的某个面向，或者无法在某种层次同理他的个案，那么他就应该把真相毫不迟疑地说出来，并且要求教或求助于人。我发现大部分的占星师都会面临个案将其投射成上师一般的人物，而且会把所有的责任都丢给他们。这是自我很喜欢玩的一种把戏，因此占星师很容易不知不觉地扮演起这种角色。但是我们应该认清，只是给一些建议而没让个案深入地了解事件背后的意义，是没有多大价值的，因为每个人都必须透过自己的生命经验来转化自己，继而达成更高的觉知，以便超脱或革除原先的困扰。同时占星师也要认清个案对他们的暗示有多么敏感，多么容易受影响，因此必须在用权上面抱持最谨慎的态度。如果没有足够的理解，最好不要做出毫无根据的猜测；但占星师很容易因为不安全感或个案的要求而做出这种事来。如同吉波拉·都宾斯所指出的，只要个案能够接受，占星师的话语往往埋藏着宇宙式的权威性和力量。这份责任是不容轻忽的。此外，占星师如果想要客观地面对某个特定的人或情况，就应该诚实自在地说出自己的哲学信念和伦理观。

占星师和个案的关系就像医生和病人的关系一样紧密。这份关系的质量不可避免地会决定咨商的结果，因此每一位占星师都应该大方地将个案转介给其他的占星师，如果他觉得个案对他有抗拒或是放不开,故而无法有效地进行咨商。其实根本没有所谓的“最好的”占星师，只有适合不同个案的不同类型的占星师。某位占星师无法理解或不能处理的问题，很可能是另一位占星师的长处。除了特定的占星系统或技法之外，占星师和个案的关系以及自我认识的深度，也往往会为这一对一的咨商关系带来启发。缺少了一对一的互动，占星学不可能带来最大的帮助或最深刻的应用方式。虽然为一个未曾谋面的人看盘，也能带来一些帮助，但亲自与个案接触，通常比较能带来更深的理解，因为缺乏人与人的真实接触，是不太可能觉知到个案的真实反应的（除非占星师有神通力）。

在本章剩下来的部分，我将列出占星师能够为咨商艺术做出的贡献。这些都是我个人的价值观，因此很自然地和我的亲身经验以及对生命的态度有关。

1. 印度的薄伽梵歌说过："心智会谋杀掉真相。"某位现代作家也曾经写过："自我的死亡就是其他事物的诞生。"占星学能够提供洞见，帮助我们脱离心智和自我的模式，以便偶尔瞥见真相；只要我们仍然受制于这些模式，我们就会活在彻底的黑暗中。本命盘能够清晰地揭露这些模式，让我们更有效地转化自己的习性。

2. 占星学能够帮助我们发展耐性；一旦发现自己的存在结构会受既定的周期循环的影响，就比较有耐性安住于当下，因为我们知道目前的周期循环会在完成任务之后终止。透过占星学发展出来的这份耐性，被某位作者形容成"积极地跟上神的节奏"。

3. 占星学提供的成长和发展模式，比任何一种心理咨商工具都要更卓越。它能显示出一个人应该努力的部分，帮助我们了解特定经验或生命阶段的核心意义、必须转化的内在模式，或者某种经验将会持续多久，如何正确地找到关键性的生命变化阶段。

4. 占星学能够让我们和内在的力量相应，学会运用思维、意志和创造力，来达成更佳的存在方式。留意生命的周期循环，可以让我们认清何时能发展出新的途径、何时会遭到试炼，或者目前的方式是否能带来创造力和满足。

5. 研究占星学或透过咨商经验来熟用占星学，能够让我们更深入地了解渗透在生命之中的宇宙律法，并且能帮助人依照内心的宇宙真理来生活。这些律法分别是：宇宙秩序、因果律、业报偿还、两极性、生命的周期循环、“能量的振动频律”、“境由心生”以及“物以类聚”。

6. 占星咨商会让我们认识生命如何跟更大的宇宙秩序相融，继而构成了一个人的基本生命结构或人生计划。

7. 占星学能带给我们洞见以及对自己的觉察，使我们不再执著于任何一种经验、挫折或阻碍。它能够让我们联结生命的动力和周期循环。

8. 占星学令我们对更宏大的东西产生信心，进而信赖自己的核心本体。

9. 占星学能帮助咨商师或治疗师进入个案的内在世界，并且根据个案的本质来深入地理解他们，而不是将自己潜意识的预设投射到个案身上。同时占星学也能帮助占星师选择正确的治疗方法，将其应用在个案身上。

10. 占星学能提供给我们线索，来了解成长和挑战的启蒙时段，这样的模式和需求是西方文化一直忽略的。

11. 占星学能让我们觉察到个案潜意识里的渴望和最深的感受。原先看似含糊或带来困扰的感觉，因而转化成新的创造力，甚至为个案带来新的方向和意义。

12. 占星学能够让一个人认清在何种活动里可以让生命力最自在地展现出来，继而获得一种满足。

13. 占星学能够帮助一个人发展出更大的自信心，方式是确知自己的感觉、心理暗示和内在的认知，将其勇敢地表达出来。虽然人们经常批评占星学造成了个案依赖外在力量，但正确地运用占星学，反而能帮助个案发展出自信心和自主力。譬如某个人觉得自己有某种领域的特殊才能，但是缺乏信心以及对自己的信赖感，因此无法将其施展出来，这时占星学就可以派上用场了。

14. 占星学能够帮助我们认清“世界就是一个舞台”，我们只是这场大戏里面的一个角色罢了。这样的认知可以带给我们一种洞见和幽默感，让我们比较轻松地面对人生。此种体悟也会让我们逐渐思考到生命的终极议题：这场大戏里面的演员是谁？导演是谁？编剧又是谁？

15. 占星学使我们看到我们内在有许多相互交流的驱力，我们的存在就是由这些势力、需求和驱力构成的。占星学帮助我们认同生命过程的整体而非经验的一两个面向。

16. 应用占星学来进行咨商，能够帮助个案和自己的本质及存在调和一致，而不是把一种人为理论套在他们身上。

第八章　占星咨商师的教育训练

不论是学生、老师、家长或学校的行政人员，都日渐清楚美国的教育制度实在太落后了，不仅课程的结构需要改变，甚至整个教育体系都需要改善。目前有许多家长对公立学校的教育已经厌恶至极，因此纷纷组织自己的私塾学校——通常会面临极大的财力问题——为的就是让他们的孩子在健康的环境里学习和成长，不再跟其他的学生过度竞争较量。其中有某些人已经作出结论，认为学校教育如果背离日常小区生活的本质，就是一种过时的制度。因此我们发现，每一州都有越来越多的小区人士追求相同的目标和价值，开始将儿童教育整合到他们的生活结构里。

然而“教育”这个字究竟有什么意义？大部分的人，甚至大部分的字典，都把这个字诠释成借由训练、演练和指导来传递信息。但是在语源学上这个字最深的意义却是“开导”和“引出”。我认为我们可以把这个字解释成，将一个人“从黑暗导向光明”或是把一个人内在的精华“导引”出来。由此我们会发现，教育其实是一个更细腻的过程，它真正的目的并不是让学生记住一些数据，变成一台顺手的计算机，而是要去除学生内心的恐惧，逐渐发展出深刻的自我觉知。但这并不意味着现代教育就不该教授专业技术；我真正要强调的是，没有任何专业知识的重要性是超过个人心理及情绪的成长的。如果我们的大学只是一种职业训练学校，我们就该明白这便是它们的目的，而不要误以为它们的使命是在追求真理，模塑人格。

我认为我们的教育最大的问题是学校企图为所有的人做尽所有的事，譬如公立小学一直试图扮演孩子的保姆、道德师、帮助孩子社会化的媒介，以及让孩子学会基本的沟通和数学技巧的地方。除此之外，学校还试图提供特殊课程给那些遭受到情绪困扰的年轻人。中学虽然不再充当青少年的保姆，但它们往往给孩子一种关监牢的感觉。它们不能为孩子带来什么激励，只会造成他们的挫败感。大学之中除了几间私立学校之外，几乎都在企图做太多的事情，因而导致我们在报纸上看到的不可避免的混乱结果。它们企图达成的事包括了一般的职业训练、专业训练、少数族群的教育以及大规模的社会改造。我觉得我们如果有足够的开放度，或许可以从代表宇宙秩序的古老占星学之中学到一些功课，为我们的教育体系理出一些头绪来。

在黄道十二星座里面有四个星座可以代表教育的不同阶段，这四个星座都是变动星座（分别是双子座、处女座、人马座及双鱼座）。事实上，如果从广义的角度来看教育，那么这四个星座代表的就是“个人的自我发展、成长和受教育的不同阶段”。理想上，每一位老师都应该认识这四个成长和发展的阶段。这四个变动星座也足以说明个人的心智及精神在社会化的过程中的演变。这四个教育阶段的内涵如下——

双子座：

代表的是学习基本的心智技巧，投入于初阶的社会活动。这个阶段的发展涉及到与同侪建立关系，包括兄弟姊妹和外面的同侪。孩子在这个阶段会试着建立自己的想法，以自己的方式来观察世界、表达自己的观点以及弄清楚外面发生的事。因此双子座的的关键词就是“沟通交流”，而且是在社会和心智层次上产生的作用力。

处女座：

代表的是服务社会、做学徒以学会谋生技巧，并且透过辛勤的工作、负起责任义务来面对现实世界。在我们的文化里这个阶段的成长几乎完全被忽略了。我们每一年都有成千上万甚至上百万的毕业生，但是他们有许多人赫然发现自己什么事都不会做。他们的高等教育带给他们的只是满脑子的概念，但通常是无法应用和不实际的；而他们根本没有真正的一技之长来应付生存问题。由于他们中有许多人都成了业余的学者或知识分子，因此也很难再从九宫的高等教育退回到六宫的辛勤工作。

如果美国的教育课程能够在双子阶段的尾期（14—16 岁）之后，

立即给予学徒式的专业训练，可能会有很大的改善。如果这种师徒相授的制度能够在我们国家里复兴起来，那么年轻人可能会找到较为满意的工作。接下来人马座阶段便跟着展开了。

人马座：

象征着处女座的学徒阶段后续的发展。人马座或九宫代表的是“高等教育”，但是更广义地来说，它代表的是在自己选择的领域里发展成真正的达人，譬如成为某个专业领域里的专家或大师。在这个阶段，个人开始明显地影响到整个社会，也许是教导新的技术，把自己的智慧结晶出版成书，或是为下一代的人建立某种专业标准。因此这个阶段的发展包含了学习（让自己的工作、理想、性格臻于完美），以及分享自己已经学到的东西。美国的传统教育一向认为如果取得博士或硕士学位，就已经是某个领域里的达人了。但我们忽略了一个事实，那就是真正的专业性只有透过长时间的自我训练、辛勤的努力以及逐渐学会谦卑精神——缺乏前人的努力，我们根本不可能有任何知识基础——才能发展出来。只是快速地借由各种学术课程来撷取前人的知识，然后得到一个硕士或博士学位，绝不意味着我们已经和许多大师级的人物一同丰富了我们的文化内涵。我们为了量而牺牲了质，目的只是维持一种轻易就能变得卓越的幻觉。

双鱼座：

双鱼座的发展阶段指的是，一个人已经完成了他在社会上的工作和家庭责任，因此有一股急切的需求想要回归自己的内心，去体验最核心的灵性教育。在印度，虽然传统不断地在改变，但生活的模式和我们所描述的这四个阶段，基本上是吻合的。最后一个阶段往往会示现成遁世修行。双鱼座的阶段象征的是放下世俗的执著,以便成为高层真理的显化管道。荣格写过一篇论文名叫“生命的不同阶段”，他在这篇文章里所描述的意识演化模式，和我们在这里所描述的四个阶段很类似。根据荣格的说法，最后的阶段也是要回到内心朝着灵性体悟去发展。

师生关系

占星学也能帮助我们认清人人都是一个独特的个体，同时也是整体宇宙的一部分。但是我们的师资训练课程里，几乎完全忽略了个体的差异性。大部分的老师或大部分的人，从未认清过人的确是有差异的。当然这份认知在某种程度上得取决于老师的自我认识，缺乏这层对差异性的认识，老师往往会无意识地把自己的偏见强加在学生身上。譬如太阳落巨蟹座的老师可能会厌恶太阳落天秤座的学生，或者被牡羊座的学生所威胁。这种情况无疑会阻碍学生在学校的发展。我对这种师生关系中的偏见有许多亲身的观察。这种事令人感到十分悲哀，但更悲哀的是学校绝对禁止老师接受占星学方面的短期训练，即使这种训练可以减轻许多问题。

由于大部分的老师都缺乏占星学方面的知识，因此他们很自然地会寻求其他比较缺乏精确性的评量学生的方法。虽然有许多研究都已经揭露了智商测验的害处，但学校仍然采用这种评量学生的方法。如此一来智力的高低便决定了学生的表现。大家都误以为智商测验可以决定学生的智力，其实智力有好几种类型。“智力”和“教育”一词同样会因为不同的目的而有不同的定义。虽然智商测验最初只是为了评量“智力”，但目前心理学领域里较为成熟的专家，却主张智商测验所能测试的只有“智力”罢了。这句话听起来似乎有点荒谬，但事实就是如此！无论如何，许多老师仍然依赖这样的测验来评量学生，而且老师对学生的表现的期待，也往往奠基于智商测验的分数！

研究占星学可以让老师看到智力和才华的确有不同的类型。大部分的教育者最感兴趣的精神作用力似乎仅止于智力，在占星学里这是由水星所象征的。水星的位置和相位可以明确地揭露理性思考的整合程度及流畅度；但金星也能揭露一个人的艺术才华，火星代表的则是机械和工程方面的能力，海王星代表的往往是音乐方面的敏感性，等等。因此不同的人可能有不同的才华，研究占星学可以帮助老师比较有耐性地去了解不同类型的学生。一名演化相当高的学生，可能比他的老师的意识层次和想象力要高出许多，如此一来老师就必须认清学生的才华及潜力，而且要学习让孩子以自己的方式自由地成长。占星学的确能帮助老师达成这一点。

很显然的，老师没有能力帮助所有的人完成所有的事；任何一个老师都有其偏见及好恶，研究占星学可以帮助老师观察到自己的偏见，学习以更客观的态度来面对他的学生。我认为老师最需要的就是认清自己容易犯的错误，老师一旦能诚实面对自己的错误和感受，学生就会开始尊敬和信赖老师。荣格也表达过老师最需要面对的困境：

> 不可避免的，未来的教育者的身教势必比言教更重要。每一个教育者——广义地来说——应该不断地问自己，看看自己有没有把教导的内容用在自己的生活里以及自己身上。心理治疗让我们认清，真正造成疗效的并不是知识或专业技术，而是医生的人格。教育本身也是如此：其先决条件就是自我教育。

占星咨商师的基本训练

在过往的几年里，凡是积极投入占星学领域的人都会察觉到一种困境，那就是任何一个人或团体试图为占星从业员建立教育训练的标准时，往往会发现他们特有的专业训练无法含括在法律规范或法条之中。由于占星师有各种不同的类型，占星学也有各种不同的类别，因此很难设定一种统一的训练课程或教育计划，或是设立对每个人都公平而又能满足明确目的的法律规范。我的目的并不是要探讨占星从业员的执照问题，我也不想给人一种印象，好像传统的学术训练不能带来解答，帮助占星学子奠定明确的训练结构，改善占星学基本训练的质量。在本章接下来的内容里，我只想厘清某个特定的议题，那就是如何建立一个管道，帮助占星学子和初学者发展出咨商技巧。

首先我们要把占星学和占星咨商做个明确的区分。占星学本身就像其他的研究领域一样，只是一门包含了传统历史以及既定技巧的知识；占星咨商则是将这门知识应用来帮助人觉察自己的生命结构、创造潜能以及关系的特质。占星学是可以被教导、研究和测试的，因此和其他领域的学术训练能够并行不悖。占星咨商则是一种高度个人化的技艺，因此到了某个阶段就无法被教导了，而且无法以僵固的教条化方式来规范和测试。这些活跃于占星领域里面的从业者、计算机设计师、数据统计者以及科技人员，是不需要具备咨商师或治疗师资格的，但那些想要应用占星学去处理人的问题的咨商师，就不得不熟悉占星学的基本科学，同时还要考虑到经验的心理次元、处理关系的能力，以及涉及一对一的咨商关系的伦理议题。

1975 年的夏季，英国占星学会月刊登了一篇精采的文章，标题为“占星学的传授”。作者戴维·罕布尔（David Halblin）是一位大学教授，他在这篇文章里探讨现代占星学的传授问题，以及什么才是占星研究者和咨商师的理想教育基础。在这篇文章里，罕布尔为占星学和占星咨商做了清楚的区分，他说："目前这两者是混淆在一起的，没有一方获得了正确的教导。"他指出现今大部分的占星课程都假定课程结束之后，学生就有能力成为够格的占星治疗师，这如同拿到了驾照之后，就代表这个人已经是驾车高手了。事实上，他只是刚开始懂得这门技术，将来还得靠经验来进一步地磨练技术。因此罕布尔先生建议，理想的占星课程应该包含两个部分。第一部分只教导最纯粹的占星学，这对研究员或统计资料的实验者而言，已经算是提供足够的训练了。这种课程不但包含传统占星学的要素和诠释方面的技术，同时也要让学生熟悉这个领域的许多核心诠释系统：譬如泛音盘、中点、太阳弧移位法、太阳回归法、宿命点、关键周期移位法、恒星以及行星的铸型（译注：其原文是 Harmonics,Midpoints,Solar Arc Progressions,Solar Returns,The Vertex,Key Cycles,Fixed Starts and Planetary Pictures）。同时这个课程里面还有占星学的发展史，占星学和其他研究领域的关系，占星领域里的几位先驱的思想（丹恩·鲁依尔、C.E.O 卡特、马克·埃德蒙·琼斯等人），还有现代心理学的见解和方法。

第二部分的课程则是罕布尔所谓的"占星治疗"，他写道："这应该是很实际的一门课程，它的目的不只是帮助学生诠释本命盘，还要帮助他和个案建立良好关系。这一部分的典型课程有：安排一名指导老师，为学生做占星咨商分析；在指导老师的引领之下练习为个案咨商，然后师生还要做一些探讨和评估；学生们要进行小组讨论，对彼此的诠释及问话技巧提出建议。”罕布尔承认这种包含两个部分的课程，会比目前存在的课程要花更多的时间，更多的学费，但是他觉得这种课程的结果会比较理想，因为从其中出来的“毕业生”比目前在执业的占星师更够格，而且知识和经验都更丰富一些。诚如他所描述的：

> 就目前而言，获得英国占星学院的文凭，跟得到顶级占星师的星盘解析报告一样便捷。如果成为医生跟获得医生的诊断一样便捷，我们一定会认为很荒谬，但基于某种理由，同样的情况在占星学的领域里却不显得那么荒谬。

我之所以引用这么多罕布尔的文章，是因为我觉得他很清楚地指出了占星教育方面的重大问题。现在大部分的占星师都是自学成功，虽然我不认为这是一种缺憾，但基于美国现在有越来越多的人参加和占星学有关的教育课程，因此我们势必得设计出一种课程来帮助人们成为占星咨商师，不论这些人想不想变为这个领域里的专业人士。

我的感觉是，虽然占星咨商师的训练无法也不该被僵固地掌控，或者必须统合到传统学术的结构里面，譬如必须拿毕业文凭，入学时必须符合不相干的条件，在学生身上加诸过度权威性的框架，但所有认真的学生都应该有机会得到类似的训练。虽然占星咨商无法以传统方式来传授，但这样的技术还是可以借由经验老道、富有洞见，以及愿意和学生建立诚实关系的老师来加以引领。一对一的咨商艺术必须透过日常的演练来达成，不过仍然可以从某些有经验、理解力超越自己的老师的身上，获得一些洞见。占星咨商的任何一门课程的主要目的，都应该符合“教育”这个字的真义：把学生的独特性、体悟、内在智慧和精神的敏感性导引出来；帮助学生摆脱自我怀疑、过度自觉以及和自我相关的所有把戏,然后发展出更深的自我觉知。透过同侪和老师的鼓励及支持，参与课程的学生能够借由不妥协的自我检视，以及越来越趋近真理法则，来促进自知之明。不用说，这份自知之明将会正向地反映在个人的占星咨商工作中。

也许读者已经注意到，这种实际的训练课程和本章一开始所描述的处女座阶段是相关的。美国文化里的教育模式完全忽略了这个发展过程，占星学的教育也有同样的问题。许多占星师学会了基本知识（双子座），便立即跳到教学和写作的阶段（人马座），因此完全没有经历过精益求精的学徒过程（处女座）。许多的占星老师和作者都明显地缺乏真正的认识，因为他们往往只是重复他们被教授的知识，而从未真的演练或修正过其中的见解。双子座和人马座如果没有处女座的实务经验做支撑，会显得肤浅，甚至完全流于空想。占星领域里的老师或作者，理想上应该有深厚的经验，而不只是空有一堆概念和理想。我希望所有的占星老师或学生都经历过处女座阶段的发展历程，而不是只参加一些既定的课程，或借由自修和个人的演练来发展这门技术。这份努力的成果应该是处女座的谦卑美德，因为我们势必会发现，不论有多么丰富的经验，我们懂得的都似乎太少了。这份谦卑的精神会让我们成为更好的指导老师，以及心胸更开放更能同理个案的咨商师。

第二部分

第九章　占星学：一种能量语言

四元素：从能量层次诠释本命盘

人们曾经用象征主义、业力系统、同时发生性、心理运作模式、行星射线等等的字眼描述过占星学，但是大部分的占星家都忽略了一个占星学的基础：能量。所有的物质与心智现象都是能量的示现，当丹恩·鲁依尔谈到“本命盘里的行星代表的是整个有机体的运作模式”时,他指的就是在我们之中运作的特定能量模式。我们之所以会忽略占星学本是奠基于能量之上的，乃是因为这件事实在太显而易见了。睁眼看见现前的事实，往往比发展出繁复的理论要困难得多。

现代心理学与超心理学领域的研究者为个案咨商时，已经开始在强调能量阻塞与否的问题了。诸如心理学上的完型治疗、结构整合及生物能医学，也都越来越着重于统合及活化案主的能量。同样的，当我们运用占星学来处置心理及生理问题时，目的也是要让能量畅通起来。

生物能医疗领域的研究者从威尔汉·瑞克（Wilhelm Reich）的探索，发展出了生物能疗法。此领域的专家目前已经可以测量和看见活的有机体的能量场。罗伯特·O·贝克（Robert O.Becker）是纽约上州医疗中心的一位整形医生，他成功地从人体磁场与大地气场的循环及变化，研究出了它们的相关性。贝克医生甚至追踪出断裂的骨头发射的电流，以及脑子与神经系统的电荷变化；这一切都承诺了一种奠基于能量的治疗科学。

伦道夫·史东医生（Dr.Randolph Stone）是一位骨科大夫及整脊专家，他发展出了属于能量层次的治疗方法——“两极疗法”，这种方法与占星学的原理十分吻合。史东医生写了许多书探讨这个主题，其中的一本叫《能量：治疗艺术的重要法则与人类的无线组织》。占星学的本命盘一向被认为是可以用来诊断疾病的工具，史东医生的研究在这方面提供了明确的技术，可以用来改变阻塞的能量场与电流。

另外有些畅销书也提到治疗艺术的能量议题，诸如《铁幕后的通灵探索》，卡拉古拉医师（Dr.Karagulla）的《创造力之突破》，以及鲁思·蒙哥马利（Ruth Montgomery）的《天生治疗者》。其实现代占星学和治疗领域对能量的研究并非新颖的发现，像艾玲·格瑞特（Irene Garret）以及艾德格·凯西（Edgar Cayce）这样有眼通能力的人，早就声明他们可以看见人体外围的灵光，而且可以诊断和预测一个人将会出现的疾病或心理危机。不过在这些描述人类能量的尝试之中，惟独少了一样东西，一种妥当的诠释语言。那些致力于治疗艺术的人，不论是心理学家或医疗者，都需要发展出一种语言，来正确地分辨人这个有机体的各种能量运作模式，而占星学本身就能提供这种语言；事实上，占星学对治疗艺术的贡献如同化学上的周期表一样，可以是新治疗科学的基础。

本命盘之所以必须根据出生时间来推算，乃是因为那一刻某个新生的有机体开始和宇宙交换能量，不再受母亲能量的影响。婴儿吸进第一口大气的时候，他自己的生命韵律便开始启动，他和整个宇宙能量产生了关系。占星学发现某些特定的能量及能量模式会在出生那一刻建立起来，而且会在人的一生中持续地运作。如果非要把占星学说成是一种“命定”系统，那么出生这一刻和整个宇宙的能量交换，便是一种预设好的东西。但分析一个人将会如何处置和导引这些能量，则只能取决于占星师的经验以及观察的细微度了。

星座是一种能量模式

占星学的地水火风四元素，本是所有物质结构与完整有机体的构成积木。每个元素都代表一种基本能量以及在我们之中运作的意识模式。现代物理学已经指出物质即是能量，而四元素结合起来便形成了所有的物质。当死亡来临时，生命的灵明之光会脱离肉体，这四大元素也会同时消解，然后回归到它们的原始状态。只有一个显化出来的完整有机体才能把四元素统合起来。每个人身上都有这四元素，但不同的人会跟不同的能量相应。四元素之中的每一个都以某种能量振动模式显现出来，它们分别是变动能量、固定能量与基本能量。因此当我们把三种能量模式与四元素放在一起时，就有了所谓黄道十二星座的十二种基本能量模式。

黄道十二星座也被称为能量场、原型模式、宇宙构成法则等等（请参照第四章内文）。这几个宇宙构成法则乃是占星学象征的基本现实，它们和荣格所说的原型十分类似，而荣格的原型也可以用来解释星座能量模式的本质："依我看来，原型的真正本质是不易察觉的，因为它是一种超验事物。"如果这些星座能量模式的本质真的是超验和未知的，那么我充其量只能建议你观察一下你的手掌，从其中也许可以发现这类的能量模式。你的掌纹、指纹、身体及精神状态都是由同样的能量模式构成的。现在你可能会问："精神"究竟是什么东西？你虽然看不见它，但它确实存在着。我们每天都在经验精神力量带来的影响，因此精神跟任何一种物质事物一样真实，即使我们无法闻到它、触摸到它、尝到它。

如果我们接受精神力量是一种存在的现实，自然能接受构成生命、物质及精神的那些无形势力。这些原型能量模式或宇宙构成法则，就是那些看不见的元素。荣格之所以称其为原型，乃是因为从有时间以来，它们便活跃地模塑着这个星球上的一切生命。占星学家称其为黄道十二星座，并视其为与人类的人格典型相关的象征符号。占星教科书里所有的关键词汇以及对人格特质的无尽描述，都是源自于这十二个星座的能量模式。若想了解这些能量模式的基本意涵，必须依循深度占星学的诠释途径，其中的医药占星学及心理占星学，尤其重视这类原型能量的根本含义。

我们可以从十二星座的能量范型来深入了解它们，譬如基本星座（译注：牡羊座、巨蟹座、天平座、魔羯座）象征的是带着离心力的放射能量，而且跟明确的行动有关。属于基本星座的牡羊座与天平座代表的是“阳性能量”，它们关切的是带着前瞻性的当下行动。阴性的基本星座则是巨蟹座与魔羯座，它们关切的是属于过往历史的事物（譬如巨蟹座爱家、爱古董，魔羯座重视传统及历史）。

固定星座（译注：金牛座、狮子座、天蝎座、宝瓶座）则是一种带着向心力的能量，一种向内发射的能量。这些星座在日常示现出来的能量是比较不活泼的，但若是把它们运用在创造活动或灵性发展上面，却具有强大的专注力及持续力。固定星座是最能专注于当下的，因此玄学体系一向认为固定星座与重生及灵性发展有密切关系，原因是这些能量可以源源不绝地从人身上发射出来，而且在某种程度上可以被人所掌握。因此，一个人的太阳如果是落在固定星座上面，往往能直觉地意识到内在灵性能量的深度与力道；这些星座一向被视为“神的显化之门”，而且是灵魂得到重大启悟的关键符号，因为专注的能量可以帮助人产生贯注于当下的觉知。

变动星座（译注：双子座、处女座、人马座、双鱼座）通常与和谐法则有关，也可以把它们看成是回旋型能量模式。双鱼座及处女座象征的是向下的回旋能量，因此这两个星座似乎也跟过去有关：双鱼座与过去世的业力有关，处女座则跟人格发展过程中的过往危机有关。双子座与人马座象征的则是向上的回旋能量，这两个星座是未来导向的，其中的人马座带着一种先知倾向，双子座则喜欢不断地进行思索。

任何一个星座的元素都能显示意识的特定类型，以及此人在当下产生觉知的方式。风象星座与心智的觉知、理解及表达有关，特别是跟思维模式相关。火象星座则会表现出温暖、充满活力以及向外发射的能量法则，而这会示现成一种热忱、爱或自我中心倾向。水象星座象征的则是感觉、反应，以及和敏感性相关的能量法则，而且带着沉着、疗愈及抚慰的特质。土象星座则往往跟物质世界的形式以及运用物质的能力有关。这些元素的本质和运用模式，将会在后面的章节里详加描述。

古人把黄道十二星座看成是“自然的精髓”，如果我们将其看成是宇宙能量模式的原型，或许就能了解古人为何会如此形容它们了。在艾德格·凯西的灵命解读里也可以发现同样的论点，他曾经说过：“生命就是由能量振动所维系的。”因此我们可否将黄道十二星座看成是能量振动的循环呢？我认为应当如此。卡西同时提到：“每个人都有特定的振动模式。”然而行星又是什么呢？

行星是一种能量调节装置

人类一向被看成是宇宙的缩影。古老的瑜伽体系早就提到过能量中枢或脉轮系统。也有许多玄学体系提到脉轮与行星息息相关，因为行星与我们潜在的能量波是相连的。脉轮与太阳系里的行星能量则是对应的。行星坐落的星座揭示了我们内在的某种能量波，行星本身则代表我们这个太阳系的基本势力或能量中枢，它们会示现成根本的心理运作模式：冲动、需求及动机。因此行星也会刺激其所坐落的星座的能量场。它们代表的是调节有机体能量运作模式的宇宙法则。另外还有一种说法：行星代表的是个人和宇宙智库进行能量交换的特定模式。它们是主宰人格模式的活跃法则，能够在心智、情感及肉体各个层次同时促成自我表现的类型。

在古人的眼里，行星则象征着令人尊崇的神祇，代表这些根本的生命势力是不容忽视的，人类必须留意它们、接受它们以及辨认出它们，然后这些与生俱来的能量就可以被清明地引导。如果我们察觉不到这些内在势力，往往会受它们操弄。希腊人认为最大的罪恶是无明（hybris），意味着人类愚蠢的自尊令自己忽略了这些神祇的力量，难怪会被这些神祇爆发出来的势力所迫害。

占星学有关人格的理论

在心理占星学里面，行星可以分成三组，第一组代表的是基本的个人性元素：太阳、月亮、水星、金星及火星。这些行星显示出我们可以有意识地引导或修正的势力。这些行星也象征较为明显的个人特质以及最强烈的驱力。每个人都能体验到某种个人性及身份感（太阳），或是奠基于制约反应（月亮）的自发响应模式，与他人交换思想的推理能力（水星），爱及亲密关系上面的需求与能力（金星），以及行动、自我确立、性经验上面的驱力（火星）。

在这些基本的个人性要素底端，还埋藏着由木星及土星所象征的集体意识的动机。虽然这两个行星代表特定的驱力，但也暗示着超意识（木星）或潜意识（土星）里的需求。它们象征的是一个人参与世界的影响力，以及和社会活动联结的方式。这两个行星还象征着更深的稳定性、传统和安全保障（土星），或是未来的愿景、冒险的需求及个人层面的成长（木星）。

第三组行星则是由天王星、海王星、冥王星所组成的，这组行星象征的是生命最深的变动性、经验的超越次元，以及我们所能感应到的最精微的能量。这些行星势力的显现方式通常是灵感、瞬间示现的洞见、直观力、不必透过学习而早就拥有的内在知识，以及想要融入整体宇宙的驱力、渴望改善自己最深本质的冲动。当这些能量示现出来的时候，老旧的生命模式就会遭到撼动而快速地改变。这三个行星可以说是超个人性要素，也是我们内心的转化力量。

从完整的能量系统来看，这三组行星都能提供占星从业员完整而清晰的理论，这些理论可以帮助我们了解人类的人格、心理运作模式，包括对安全感、爱与创造活动的需求，以及不断朝着自我实现、改变、成长和超验性次元演进的冲动。如果我们从这种能量的根本运作模式来看待个人及生命，就会开始发现身心本是交互影响的能量场，它们并不是僵化的机械装置。这份对整个人的完善理解，将会发展出一种崭新的占星学，一种奠基于生命律法的科学。

重要概念与定义

如果一个人真的理解了下述的定义，他对占星学就有了概略的了解：

行星代表的是经验的面向。

星座代表的是经验的特质。

宫位代表的是可以让行星及星座的能量运作的领域。

相位（行星之间的角度关系）则显示出一个人的各种经验面向是如何统合的。

这四项要素组合成了占星学的基本字母，如果将这些字母组合成一种能量语言，便是所谓的占星学。

这些要素是以下面的方式结合在一起的：某个特定的经验面向（由特定的行星所代表），不可避免会被星盘里的行星坐落的星座特质所熏染，这两种要素的组合会形成自我表现上的某种驱力，也能够为特定需求的满足提供一些解释。行星坐落的宫位则说明一个人必须面对的生命领域的直接经验。任何一个人只要有行星与星座的宫位组合，都会想表达或满足那个面向里的经验，但此人能否轻易表现那份驱力或满足那份需求，则必须取决于行星的相位。下面的内容将说明与每个星座及行星相关的重要概念。在“元素与宫位”这一章里，我将会说明有关宫位的重要概念（请翻阅第十六章）。

有关行星的核心概念：

	本　质	驱　力	需　求
太阳	活力；个人性；创造力，光明的内在自我；核心价值。	存在与创造的驱力。	自我表现以及被赏识的需求。
月亮	潜意识的预设；老旧的自我形象感；制约反应。	追求情感与家居生活的安全保障；追求内心的支撑感。	获得情绪的宁静与归属感的需求；自我适切感方面的需求。

	本　质	驱　力	需　求
水星	沟通；意识心（逻辑或理智）。	借由语言和记忆来表达概念和见识。	与别人建立关系的需求；学习的需求。
金星	带着情感色彩的鉴赏力；价值观；借由施与受与他人交换能量；分享。	社交与爱的驱力；表达情感的驱力；享乐的驱力。	与他人亲近、获得慰藉及和谐感的需求；付出情感的需求。
火星	欲望；行动上的意志力；开创力；肉体的精力；动力。	自我确立与积极表现的驱力；性驱力；采取确切行动的驱力。	达成欲望、满足肉体及性刺激的需求。
木星	扩张；恩宠。	与更宏大的秩序或是比自己更宏大的事物联结的驱力。	信仰及信赖感方面的需求，包括信赖自己和所有生命；想要改善自己的需求。
土星	收缩；辛劳。	维护自我的结构与尊严的驱力；借由确实的成就来获得安全保障。	取得社会赞同的需求；仰赖自己的资源及努力的需求。
天王星	个人主义式的自由；奠基于自我的自由。	追求分化、原创性以及从传统中独立出来的驱力。	渴望改变、刺激以及无拘无束地表达自己。
海王星	超验性的自由；一体性；摆脱自我。	脱离自我及物质世界的驱力。	对一体境界的渴望。
冥王星	转化；蜕变；汰旧换新。	彻底重生的驱力；透视经验的核心之驱力。	琢磨与改善自己；借由痛苦来摆脱老旧的制约。

行星的正负向展现法则

每个行星的本质都可以借由正向及富有创意的方式展现出来，但也可能借由负向及破坏的方式表现出来。换句话说，一个人与某个经验面向的相应方式可以是和谐或合乎高层律法的，但也可能以不和谐或不协调的方式呈现出来，而这会导致创造性地运用个中的能量，或者误用其中的能量、势力与感应力。此外每个行星的相位都要加以分析，才能了解一个人的内在能量是否和谐。

行　星	正向表现	负向表现
太阳	神采奕奕；散发出爱与创造性。	骄傲；自大；对独特性过度渴望。
月亮	易感；知足；流畅而带着顺应性的自我感。	过度敏感；缺乏安全感；受制而又不正确的自我感。
水星	富有创意地运用技巧或智力；运用推理及辨识力来达成更高的理想；借由客观的理解与清晰的言语表达与人达成协议。	技巧或智力上的误用；不当的自我合理化倾向；单向表达与坚持己见。
金星	爱；懂得施与受的道理；有能力分享；心胸慷慨。	自我耽溺；贪婪；情感上索求无度；热情受阻。
火星	勇敢；富有开创性；将意志清明地导向正确的目标。	缺乏耐性；任性；有暴力倾向；不当地运用力量或威吓力。
木星	忠诚；依循更高的宇宙力量或安排而行事；开放心胸接受恩宠；乐观积极；虚心接受改善自我的建言。	过度自信，懒惰；能量分散；游手好闲；不负责任；承诺过多；过度伸张自我。

行　星	正向表现	负向表现
土星	吃苦耐劳；愿意承担责任义务；有耐性；有组织力；可靠。	缺乏信心和过度仰赖自己；僵固；冷漠；自我防卫；恐惧；负向思考及自我压抑。
天王星	与真理相应；富有原创性；有发明能力；有实验精神；尊重个人自由。	任性；不安和缺乏耐性；无目的地改变以及追求刺激；叛逆；激进主义。
海王星	与整体宇宙交感；在灵性次元得到体悟；有包容一切的悲悯心；活出最高的理想典范。	自毁式的逃避倾向；逃避责任以及最深的需求；拒绝面对内心最真实的动机，不想付出承诺。
冥王星	愿意将意志及心智专注在自我转化上面；有勇气面对自己最深的渴望和驱力，并能透过努力和深切的体认来转化它们。	以冲动的方式表达潜意识的渴求；以独断的操控力迫使他人满足自己的需求；无情地运用各种手段来逃避内在的痛苦；对权力着迷。

十二星座的元素与基本概念——

星座属性	基本概念	行星落此星座将会染上的性格色彩
火象星座		
基本星座：牡羊座	追求崭新经验的专注能量。	渴望行动及自我确立。
固定星座：狮子座	持久的忠诚性以及向外放射的活力。	戏剧化、高傲、渴求被赏识。
变动星座：人马座	不断地渴望达成理想愿景。	信仰、理想及综合归纳的能力。

星座属性	基本概念	行星落此星座将会染上的性格色彩
土象星座		
基本星座：魔羯座	就事论事不带情绪地完成工作。	自制力、谨慎、保留及企图心。
固定星座：金牛座	借由当下的觉知立即产生对事物的认识。	占有欲、持续力、稳定性。
变动星座：处女座	谦虚、服务的需求、自发地给予协助。	完美主义、良好的辨识力及分析力。
风象星座		
基本星座：天平座	平衡所有的两极对立来圆满自我。	平衡、无私、机智。
固定星座：宝瓶座	抽离地协调所有的人及概念。	爱好个人自由、激进主义。
变动星座：双子座	立即将事物串连，并运用语言表达出来。	易变的好奇心，多话，友善。
水象星座		
基本星座：巨蟹座	本能的滋养力及同理心。	敏感、保留、情绪化、自我保护。
固定星座：天蝎座	借由强烈的情感经验而产生穿透力。	掌控之下的热情、守秘、深刻、带着强制性的欲望。
变动星座：双鱼座	对受苦众生的悲悯。	灵魂最深的渴望、理想主义、一体性、脆弱易感、灵感。

行星落特定星座的作用力：

基本的个人行星：有觉知地引导行动。	太阳：存在的基调和觉知生命的方式。 月亮：奠基于潜意识倾向的反应。 水星：沟通和思考的方式。 金星：表达情感、给出自己以及鉴赏的方式。 火星：确立自己和表达欲望的方式。
集体行星：存在的状态。	木星：追求成长和体认信赖感的方式。 土星：借由努力以保有及完成自我的方式。
超个人行星：转化的能量。	天王星、海王星与冥王星坐落的星座位置，代表的是集体世代的一般心态，但是在个人星盘里，这些行星的宫位和相位比坐落的星座更重要。这三个外行星与个人行星的相位，显示出一个人将如何适应其世代的改变力及内心的改变力量。

从荣格心理学的角度来看，三王星代表的是集体潜意识的运作模式，月亮与土星代表的则是个人潜意识里的需求及构成模式。月亮象征的是与母亲（内在的支持力量）相关的难以捉摸的安全需求，土星象征的则是与父亲（外在的支持力量）相关的具体物质方面的安全需求。

第十章　四元素：占星学的基本能量

致力于使占星学成为物质科学的过程中，许多占星家几乎彻底忽略了古老占星学中四元素的概念，某位学者甚至这样写道："现代科学已经发现了化学的周期表，我们由此而得知化学元素比四元素要多出许多。"其他的学者或老师虽然仍采用四元素的概念，但并没有详细说明它们的作用是什么，也似乎不明白四元素的确是黄道及占星学的基础。

我认为卡特（C.E.O Carter）的《心理占星学百科全书》（An Encyclopedia of Psychological Astrology）在四元素上做出了最佳说明，我将会在后面的章节里详细解说。在描述过所谓的"占星学基本法则"之后，卡特继续阐明"四元素虽然可以从许多不同的角度详加描述，但若想了解、举证和说明这些元素，并不比说明太阳系或整个宇宙来得容易。"卡特进一步地写到，占星学乃是理解这些生命法则运作方式的工具，虽然"想彻底了解它们，必须有造物主般的领悟力才行"。

我完全赞同卡特所说的，四元素并不只是一些象征符号及抽象概念，它们其实是可以被感官知觉到的万物背后的生命力（此乃黄道在古代之所以被称为“自然的精髓”的原因）。因此四元素不但是占星学和一切玄学的基础，同时也是能够觉知到和经验到的一切事物的构成元素。如果从纯物质的角度来看四元素，它们确实跟现代物理学所说的物质的四种状态有关，譬如土是固态的、水是液态的、风是气体状态，火则是电浆或发光的电离子能量。或许我们也可以说，它们代表进化中的有机体的四种需求：风、水、土（食物）以及火（温暖）。但是单凭解说仍然无法真正了解四元素的意涵。

如同曼利·P·霍尔（Manley P.Hall）在他的《看不见的势力》（Unseen Forces）这本小说中所描写的，“地、水、火、风四元素既是物质的基础，也是背后的生命力”。他又继续说道：“所有超越这四元素的事物，只能从灵性的角度来认知。”换句话说，占星学涉及的四元素是凌驾于化学元素之上的。威廉·戴维森医师（Dr. William Davidson）在《医药占星学演讲录》（Medical Astrology Lectures）里面也写道：“化学元素的背后就是宇宙势力。”试图理解四元素真实的意涵时，必须小心不要把这些势力的外在结果与基本能量混为一谈。

乍看之下这样的说法似乎是一种相当大胆的概论，但继续读下去你就会发现，有许多文化及知识领域都指出了这个事实。就拿占星领域来说好了，为什么星盘可以有效地让我们理解生命循环、事件、个人经验及日常事物变易的本质，包括生理、社会、经济、心理、情绪及政治等各个层面？如果占星学无法提供一套解说生命基本动力的语言，就不可能如此有效地应用在人生的各种活动上面。运用占星学咨商的过程里，我们必须从生命运作的层次来理解它，而这个层次就是能量的模式、能量的流动以及能量的变化。为了领略占星科学的本质，我们必须彻底了解这四元素；若想达到这一点，不但需要了解四元素的物理及心理意涵，同时还要从高层的灵性角度来看待它们。

全世界对四元素的认知

许多文化都把四元素纳入其哲学、宗教或神话传统里，大部分的传统皆假设有一种核心能量示现成了四元素的能流，这个过程很像是变压器的作用。这股核心能量有许多称谓：炁、元气、生命力，等等。各种文化都熟知这股能量，虽然称谓上面有所差异。

西藏佛塔就是由象征受造物的元素结构所建成的。佛塔的底端有个巨大的立方基座（代表土元素），上面坐落的是象征天体的水元素，在天体的上方有个涡旋元素（火元素）。最上方则是一个半月型的结构（风元素），里面有个小小的天体象征（代表构成万物的主要势力——以太）。这种佛塔代表西藏宇宙学的基础，而四元素象征的就是宇宙的基本能量。

在印度的薄伽梵歌或阿优吠陀的基本哲学里面，也可以发现此种观点。中国哲学与针灸学也是奠基于四元素的概念之上的，中国人时常谈到金、木、水、火、土构成了所有的自然现象，而且这五种元素也同时在人身上运作着。西方世界熟知的四元素加上以太这个元素，就等同于东方的五大元素。但西方玄学传统通常不提及第五种元素，因为它跟其他元素有明显的不同；其实它就是四元素的根源。

希腊哲学也是奠基于四元素的概念之上的，它们和人类的四种能力有关：道德能力（火元素）、美学与精神层面的领悟力（水元素）、智力（风元素）以及生理作用力（土元素）。中古世纪和文艺复兴时期的欧洲，主要是从嘉仑（Galen）的著作中获得了四元素的概念，并因而发展出了四种体液（译注：黏液、血液、黄胆汁、黑胆汁）的观念，进而促成了人的四种气质的概念。这些在早期的欧洲医学文献中都可以发现，其他文学作品里面也可以见到。在日本我们也可以发现许多重视四元素的例子，譬如1004年记载有关菩提达摩的禅宗文献里，这四元素被光（火元素）、风、液体及固体所取代。

同时这四元素也交织成了种种的神话。苏美文化里的宗教信仰充斥着日常活动及各个面向，其中最重要的神祇都与四元素有关：譬如天神阿奴（风元素）、暴风雨神安利尔（火元素）、地神宁呼尔萨迦（土元素）以及水神安基（水元素）。接下来的例子将说明为何四元素不但是古人心中的主要现实，同时也是一切现实的基础。

现代人对四元素的阐述

由于大部分人都缺乏最高的灵性洞识，因此只能借由治疗艺术来体认四元素的运作方式。这种看待四元素的方式将会在后面的章节里详加描述，在此我要先谈一谈几位现代作者的观点。首创两极疗法的伦道夫·史东医师称四元素为“生命结构的无形建造者”。他说这些元素是“生命的齿轮”，它们必须达到平衡，身心才能健康。他说四元素就像电池里的金属一样，生命的元气会灌进来带动它们。史东医师称四元素为“更细致的能量场”，它们的运作可以带来健康，也可能导致疾病。

史东医师目前已经退休，高龄85岁，他拥有骨科、自然疗法及整脊方面的学位。他说他对四元素的洞察并不是从医学训练里面得来的，而是从60年的个案经验里观察到的，不过主要还是从灵性导师及某位印度内科医师那里得到了指引。另外有位A先生也跟史东医师有同样的洞见。这位出现在鲁思·蒙哥马利的《天生治疗者》一书里的主人翁，连中学教育都没受过，却借着自己的感应力得知了四元素的运作方式。透过对这些精微能量的了解，他医好了成千上万人的不治之症。

A 先生对四元素的描述与史东医师所说的电磁内的金属十分类似：

> 我们生活的这个世界是由气体和能量组成的，植物、动物和人的生命都是由这些气体的各种振动频率组合而成。每一种植物、动物及人都有自己的能量频率，借由它才能维持生命的成长与发展。诞生的那一刻我们吸入的第一口大气，就是宇宙势力直接供应给我们的……只要这些能量流畅无阻，我们就可以和宇宙能源保持联结。

占星学的本命盘当然也是取决于吸第一口大气的那一刻，因为我们在那一刻跟宇宙能源建立起直接的关系，因此本命盘揭露了一个人的能量模式与四元素之间的关系。换句话说，本命盘代表个人在物质次元示现出的能量振动模式。以科学的方式来说，本命盘能显示出你的“能量场”或眼通人士所谓的“灵光”。

灵性上的观点

为了从最高的观点来了解这四元素，我们可以借助印度的两位伟大灵性导师的看法，这两位导师都跟史东医师有过接触。其中的一位是马哈拉吉·恰隆·辛（Maharaj Charan Singh），他这样写道：

我们肉眼见到的事物都是由地、水、火、风以及以太所构成的，而这五种元素彼此是抵触的，不过由于灵魂的作用力，这五种元素还是能够在人体中活动，并且按照自己的业力示现出来，但每个人身上的五种元素的活跃程度各有不同。

当灵魂离开肉体时，这五种元素就会消解掉，重新回归它们的源头。我们可以说太阳星座在占星学里之所以如此重要，就是因为它代表灵魂示现于物质次元最基本的波长，这跟艾德格·卡西所说的“灵魂的人格”类似。

另外，玛哈拉吉·萨望·辛（Maharaj Sawan Singh）也写到过，“肉体与心智都是由这五种精微的元素构成的”。他将这些元素和身体的下三轮（能量中枢）连贯起来，并阐明若想有灵性上的进展，就必须克服这五种元素所象征的问题：风象征贪婪；水象征欲望；火象征愤怒；土象征执著。琼·库克（Joan Cooke）是英国的一位作家及天眼通人士，她写过一本书，名叫《星星的智慧》(Wisdom in the Stars)，在书里她同样也说明了四元素与灵魂进化的关系：火象人需要学习爱；水象人需要学习宁静；风象人需要学习兄弟爱；土象人则要学习服务。

传统玄学体系也拿四元素来解释它们与精微体或能量场之间的关系，譬如雷诺·强森（Raynor Johnson）博士就写过一本名叫

《禁闭之光与灵性道路》(The Imprisoned Splendor and The Spiritual Path）的著作，他是超心理学领域的杰出作者以及世界驰名的科学家，他很简明地描述了这些精微能量场的本质："人体四周有一层又一层的意识体，可以让一个人跟不同的存在次元产生联结。"四元素就是这些意识体的动力来源。其中的水元素与情绪体（emotional body）或星光体（astrol body）相连，这种意识能量是由强烈的渴望、感受、反应及强大的欲望所掌控的。风元素则跟心智体或"因身"(causal body）相连，代表思维模式和宇宙意识之间的联结。土元素象征肉身，是与感官及物质形式相连的。火元素则是跟以太体（etheric body）或元气体（vital body）相连，其作用是转化风元素及水元素的能量，以支持肉身的运作。元气体与肉体紧紧相连着，它就是超心理学家时常报道的"以太双重能量场"(Etheric double energy field)。

根据雷诺·强森博士的说法，这四元素代表特定的意识类型及知觉，它们代表体验各个次元的存在的能力，以及与特定生命领域相应的能力，这些我将会在后面的章节里加以说明。首先我们要检视一下这四元素的细节，以便对它们产生更深的了解。

四元素的分类

按照传统四元素可以分成两组，其中的火与风被视为活跃和善于自我表现的元素，水与土则是被动、接受性高以及自我抑制的元素。这种分类法近似中国哲学的阴（水与土）与阳之分，也类似希腊神话的阿波罗（火与风，活跃而有意识地建构出有形世界）和酒神狄厄尼索斯的差别（水与土，代表无意识及直觉的显化力量）。这种分类法在整合分析星盘时是很重要的，我们将会在“元素的诠释”那一章里体认到这一点。我要在这里强调的是，我们目前要处理的是四元素的基本法则，譬如水元素和土元素代表自我压制或潜意识，但并不意味着本命盘强化这两种元素的人比其他人更压抑自己或缺乏觉知，这类讲法描述的是这些能量的运作模式与自我实践的方式，而不是随便把人分成几类就算了。举个例子，所谓的水与土元素比火和风元素要显得自我压制，指的是他们比较活在内心世界里，不太允许在未经深思的情况下将能量投射到外界。火元素和风元素的自我表现能力比较强，是因为他们会毫不保留地将生命力向外投射：火象人是借由直接行动来投射能量，风象人则是借由社交互动和语言的表达来投射能量。

马克·爱德蒙·琼斯（Marc.E.Jones）一直致力于以现代化方式归类四元素，以免人们再继续沿用“积极”或“消极”之类的老旧解释。他曾经提到：“风元素和火元素是操控和扩张式的能量表现，土元素和水元素则是维持和集中的能量表现。”琼斯的定义也很适用于希腊神话的阿波罗和狄厄尼索斯法则，此外火元素和风元素也跟活动以及轻浮的特质有关，因为风和火都会向外延伸或升扬，并且会向周围扩张。土元素和水元素则一向和地心引力及迟缓的能量有关，因为这些元素会受地心引力影响，因此会把能量集中在最低的层次。这种分类法会让我们认清：属于同一组的元素，大体上是比较相配的，包括个人本命盘以及星盘比对在内。同时我也必须在此说明，轻或重之类的法则乃是在形容能量上的真实情况，但只有那些敏感的人才能意识得到。

火元素

火元素指的是一种宇宙性放射能量，这种能量是兴奋的、热诚的，借由它的光世界才变得多采多姿。荣格认为火元素与精神能量的核心动力有关，它是以自发的、受灵感鼓舞的方式在窜动着。琼斯将火元素比喻成“环绕着自我认同的经验”，而这便足以说明为什么由火元素掌管的人似乎很自我中心，但又不带着个人性。他们觉得自己是“宇宙”的神圣管道，而且很难掩饰对这一点的得意之情。

火象星座象征着高尚的情操、信心、热情、源源不绝的力量，以及直截了当的诚实态度。这类人需要极大的自由度来展现自己，而且通常有坚持己见的倾向。火象人比其他类型的人更能自决地引导意志，那种自由的存在与表达方式，就像孩子一般单纯，这份特质有时很令人感到亲切，有时却会触怒那些比较谨慎敏感的人。火象星座被强化的人极少是意图不良的，比较会因为缺乏自制力以及对人不够敏感，而导致对别人的伤害。他们显得神色匆忙、任性和无法抵挡，故而无心地造成了一些破坏或伤了他人的感觉。

火象人往往对温和而敏感的人缺乏耐性，尤其是被水象及土象掌控的人。火象人感觉水会熄火，而土会把火盖住，因此他们讨厌这些星座的沉重及情绪化倾向。但风却能煽火，风象人能提供火象人新颖的概念，基于这个理由，火元素与风元素一向被认为是相称的。不过我必须指出一点，那就是火象人对神经系统非常纤细的风象人而言，往往显得太粗暴了点，所以后者无法长久忍受这种关系。反过来看，虽然火象人会被风象人激励，但不久之后就会对无法采取行动的智力活动感到厌倦。

风元素

风元素是跟气息或瑜伽所谓的“气”（prana）息息相关的生命能量。风的次元属于物质世界背后的原型概念世界，也就是示现成特定思维模式的一种宇宙能量。它与心智的几何式线性能量有关，而这股能量可以塑造尚未发生的事物的模型。如果说火象星座关切的是借由意志让事情发生，那么风象星座关切的就是尚未示现成物质现象的特定概念——专注于某些概念，以确保它们逐渐示现成物质现象。虽然风象人经常被指控为不实际的梦想家，但他们在广义的社会层面上却扮演着让创造力实现出来的角色，因为他们的想法往往能影响千万人的生活。

琼斯曾写过风象星座涉及的是“对理论陈述的关切”。风象人对理论及概念的重视，令他们在艺术、文字及抽象思考上发现了最适切的表达模式。风象人有能力从日常的当下经验里抽离出来，这会使他们保有客观性、观察力，以及对事物抱持理性态度。这份抽离性也让他们能够与各式各样的人相处，因为他们不觉得有必要涉入别人的担忧及情绪里。因此风象星座是所有星座中最善于社交的，他们能够客观地欣赏别人的想法，不管骨子里是否赞同这些想法。不过当然，这些风象人如果太热衷于自己的抽象概念及理论，也会在心智上变得不平衡，而形成各种古怪的想法与狂热倾向。他们缺乏深刻的情感，而且无法接受肉体上的局限。他们可能因过度重视智力，而拒绝面对概念必须经由检验才能确立其价值。对风象人而言，思维活动几乎掌控着整个人生，因此当他们的意见被忽略、智力被藐视的时候，往往会觉得相当受威胁。很显然，水象及土象星座容易贬低风象星座的想法，因为这些想法无法通过深刻情感的检验，也不符合水象及土象所坚持的落实性。至于风象人这一边，通常他们并不想被土象人制约，也不想被水象人的情感及保留倾向渗透而失去自由。但火象星座却能刺激风象星座朝着更自在的表达模式发展，而且能带给风象人一种别处找不着的信心与力量。虽然风象人在许多方面都很赞赏火象人，不过他们仍坚持三思之后才能付出承诺，这种习惯会令火象人感到不耐烦。

水元素

那些本命盘里有许多水元素的人，很小就能意识到生命之中的各种不易捉摸的因素，所以水象人与自己的情感一向有紧密联结，也会留意一般人所忽略的细节及差异。水元素代表的是深刻的情感以及觉受反应，范围包括冲动的热情、强烈的恐惧、有容乃大的接纳性以及对创造的热爱。由于感受的本质多半属于潜意识层面，因此水象人很自然能觉知无意识的力量，却无法察觉自己最深的动机是什么。他们一旦彻底意识到深层的生命面向，就能成为最敏感最富直觉力的人。假定是这种情况的话，那么水象人就有机会与万物合一，而且能借由同理心利益他人。但若是无法觉察自己最深的感受，他们反而会被自己的欲望、非理性的恐惧以及高度的危机意识所搅扰。

如同水的本质一样，水象星座也缺乏自己的形状与稳定性，因此他们最高兴的就是有人可以提供给他们一种具体形式，特别是土象星座的稳定性最让水象人放心及信赖。水象人不喜欢那些有强烈人格特质或喧嚣的人，譬如风象及火象人。他们跟那些喜欢保有私密性以及自制的人在一起时，感觉特别舒服，因为这会带给他们很大的安全感。水象星座的这种守秘特质是相当虚伪的，他们表面上看来平静无事，心底深处却波澜起伏，充满着惊涛骇浪。事实上水象人很煽情，当他们的人生变得太阴沉时，往往会无意识地形成情绪上的风暴。

水象星座是如此脆弱易感，若是无法妥当地控制自己的情绪反应，可能变得过度情绪化，一有风吹草动就受到影响。但水象星座的敏感性不该被视为一种弱点，因为他们一旦学会将其导向特定的管道，从长远来看是最具有穿透力的。有位 11 世纪的中国学者写了下面这段文字来描述水的力量：

> 智者应该效法水的力量。水虽然柔顺，却无坚不摧。水能熄火，也能变成烟雾而脱身。水能冲走柔软的泥土，碰到岩石会绕道。它能渗透大气，让风止息下来。水以伪装的谦卑臣服于眼前的险阻，但没有任何力量能阻止它流向大海。水借着臣服来征服；它从不主动攻击，却总能在最后的战役中胜出。
>
> ——引自约翰·布洛斐德（John Blofeld）
>
> 《生命之轮》(The Whell of Life)

最后我要强调的是，水元素与灵魂最深的渴望有关，它可以使人缓慢而坚定地朝着觉醒的方向发展。水象人本能地知道他们必须保护自己不受外境影响，以维持内在的祥和来进行深刻的反省和细致的觉察。水象人了悟情感及渴望的真实本质的过程，是十分痛苦而缓慢的，但只要他们愿意面对自己真实的动机，仍然能随着时间发展出内在的满足感。

土元素

土象人通常能够与肉体感官及当下的现实联结，他们比较仰赖自己的知觉和实际的逻辑推演，而不像其他星座那么仰仗灵感、理论或直觉。他们与真实而实际的形式世界特别相应，他们与生俱来对物质世界运作方式的了解，使他们比其他星座的人更有耐性，也更能自律。他们天生就知道该如何谋生、提供给自己最基本的需求、如何坚定地达成目标，这些特质对土象人而言都是天生具足的。

虽然土元素属于比较被动和接受性较高的元素之一，但如同水元素一样，土元素也具有恒久的耐力及持续力，而且总是小心翼翼地看待一切事物。虽然土象人不是特别果断，但是在自己的安全感遭受威胁时，也会据理力争。由于他们的效率极高，所以遭到威胁时不但会据理力争，而且会以理所当然的态度确保自己的成果不被夺走。土象人是谨慎的、计划周详的、保守的以及可靠的，他们对那些思想敏捷而活泼的人通常半信半疑，尤其对风象人总是带着某种程度的保留，虽然也会对风象人的言论感到着迷。他们觉得风象人总是飘在半空中，以孩子气或不实际的态度卖弄着一些无法落实的计划。他们觉得火象人可能会把大地烧焦，而且行事像急惊风一般，不怎么值得信赖。但水象人却跟他们的自我保护倾向、高度的持续力以及获取财物的能力有相似之处，因此土象人会觉得水象人可以为自己带来更大的生产力及更新力。

但这种能够为土象人带来力量及能力的特质，也可能是他们最大的缺点。这种过度投入物质世界的倾向，往往令他们只从表面去看事物，因而制约了他们的想象力。这会导致狭窄的观点，使这类人执著于例行公事和秩序，缺乏抽象思考能力，或者无法了解理论次元。因此土象人最需要敞开心胸接纳未知的世界，并且要以特定的理想来引导自己的行为。

第十一章　个人心理学

在理解个人心理结构的核心本质上面，四元素是特别有用的工具，为了探讨这个主题，让我们把焦点集中在太阳星座的元素上面，因为这是考虑一个人的心理状态的要素。太阳的元素揭露了一个人的基本能量、自我投射的势力、日常生活里的经验次元以及此人的基本特质。

太阳星座的元素代表的是你生命的源头。换句话说，它象征着你的意识源头、与你相应的经验次元，以及你会从什么领域的活动或存在状态里取得能量。太阳星座的元素象征着一个人会“当真”的事物。我们的潜意识对孰真孰假的假设，往往会决定我们将如何运用能量。举个例子，风象人通常活在思想的抽象次元里，思想对他们而言和物质是同样真实的。水象人则活在自己的感受里，这比任何事物都更能决定他们的行为。火象人则存在于充满着愿景及兴奋感的活动里，这样的存在状态能为火象人带来健康及快乐。土象星座通常是扎根于物质世界的，物质世界的生存考虑以及生产力，对土象人而言比其他任何一个生命面向更真实。

另外还有一种区分的方式，那就是从太阳星座的元素来认识我们的内在动机。例如风象人是被自己的观念所驱动，水象人是被最深的渴望所驱动，火象人是被自己的愿景和灵感所驱动，土象人则是被物质需求所驱动。如果心理学家、精神医师以及心理咨商师能认识这种人格类型的基本分类法，将会更了解人类的动机和行为背后的复杂势力。

太阳星座的元素同时也让我们洞察到一个人对生命的观点，以及对生命经验的期待。卡特在他的《心理占星学》百科全书里，很明确地表达了每个元素的心理偏见。他说火象人会把自我感受成“必须依照宇宙法则行事”，同时会“在行动的领域里寻求正向经验”。水象人则会把自我投射成“可能会受苦和需要保护的存有”。他指出水象人会借由“进入他人的感受里来保全生命”，这种与他人的感受相应的能力，既可能是“一种助力，也可能是狡猾的敌人”。

根据卡特的说法，土象星座会把现象界视为“生命显化的领域”，透过对物质世界的相应力，他们很能掌握及利用现象界的活动来保全生命。但是对风象星座而言，现象界却往往被视为“需要理解及运用的东西，而理解本身则是为了更彻底更正确地运用这些东西”。因此，风象星座的心智能力乃是用来改善生命的，方式是借由对现象界的活动的洞察。因此风与上法则的互补本质，可以从金星、水星及土星共同主宰这两个元素的星座一事上看出来。

如果从能量层次来理解太阳星座的本质，我们会得到相当震撼的洞见。《天生治疗者》的主人翁 A 先生不断强调每个人都得喂养自己的能量场，如果我们没有为自己的太阳星座充电（其他行星及上升点的元素所显示的能量也要留意），我们就会发现自己容易疲惫、发怒，而且在生理和心理上变得过度脆弱易感。我们可以借由不同的方式喂养我们的能量场，譬如透过紧密的关系来达成这一点（此议题我们将会在后面探讨），或者带着觉知去意识自己的能量，或是借由特定的活动以及投入某些日常事物来改善这些能量。太阳星座的元素代表最容易消耗的主要生命力。在《天生治疗者》这本书里，A 先生不断地引用一些话，来关切耗损元素能量的严重后果。

我们都听说过“背离自己的元素”的种种现象，亦即人涉入的活动次元违背了自己真正的本质。譬如一个太阳落在风象星座的人，若是否定了自己的心智需求，选择以劳力作为谋生形式，就会背离自己的元素本质。如果此人不在工作之余涉入一些心智活动或社交活动来弥补自己，他的能量就会逐渐耗损，因为他的风元素能量没有充电的机会。换句话说，一个人的太阳星座的元素乃是令其感觉活跃的燃料！这是我们基本活力与力量的来源，有了它我们才能应付日常生活的压力与挑战。虽然从事背离自己元素的工作，理论上还是可以获得补偿，但毕竟找到符合自己元素的工作，才能真的获得内心的满足。

总括地来说，我们可以借由涉入的活动来提供必要的燃料。因此水象星座需要与其他的水象人互动，同时必须专注地投入自己所做的每件事。这些人无法从自己的经验抽离出来，因此选择的活动及工作必须让他们有机会充分展现情感。火象人需要与其他的火象人交往，而且要怀着愿景、目标和开展性，或者选择的工作必须在肉体上有充分的活动。土象人需要负起物质上的责任义务，借由现实成就来表现自己，因为面对世俗的挑战可以激励他们的能量。他们也可以透过与其他土象人密切交往来为自己充电。风象人则必须和同样特质的人保持互动，投入可以让他们表达自己理念的社交生活，或者从事的工作必须为心智带来刺激和自由感。

我们也可以有意识地和自己需要的能量相应，方式是跟那股能量做紧密的接触，因为土象人真的可以从大地获得能量，风象人真的可以从大气获得能量，水象人可以从水本身或灵动的感觉获得能量，火象人则可以从太阳或肉体的活动中获得能量。怀疑这种讲法的人，很显然从未在自己的人生里经验过这个事实。能够看到精微现象的眼通者曾经告诉过我，他们可以从金牛座人的身上看见扎根于大地的能量形态，魔羯座人则显示出岩石般的落实能量，巨蟹座人的身上往往流露出一种瀑布般的细腻能量，宝瓶座人的能量则像闪电般从一极换到另一极，云云。因此我们可以跟自己的太阳星座的元素连接，来获得能量上的补充。

为了达成这个效果，土象人显然必须不时地踩踩泥巴、接触大自然，并且要跟植物及树木的能量交感。我曾经结识过一位太阳与月亮都落在金牛座的人，她对占星学一无所知，却发现在河边泥地里嬉戏几个小时，往往能得到极大的宁静感。太阳落在风象星座的人，则需要干净及清新的空气来恢复能量，但这种空气的质量很难在都市、潮湿的平原或种植农作物的山谷里获得。这种清爽而干净的空气只有在高山上才有。一位太阳落宝瓶座的医师告诉我说，他认为居住在海拔二千四百多公尺的山上，对风象人是最佳的高度，而他本人就居住在这种高度的山间。

太阳落水象星座的人会觉得距离湖或海洋太远，就像是住在荒芜的沙漠一般。他们若是有机会接近水或流动的水，无论生理及情绪上都会处在最佳状态。读者也许还记得艾德格·凯西这位美国最伟大的天眼通，当他生活在水边时，通常最能有效地行使他的神通力，而这就是他要搬到维吉尼亚海滩居住的原因。凯西的太阳是落在双鱼座，其神通力或形而上的工作的确是借由接近水而发挥了造福他人的效用。

太阳落火象星座的人需要到户外晒太阳，沐浴在太阳的火元素里，同时还要保持肉体的活力，以便跟火元素联结。火象人如果长久不动或没机会做激烈运动，不久就会觉得自己快要死掉了。

这就是火象人生了重病或遭受意外，往往会产生严重心理问题的原因。许多读者可能都已经发现，火象人在日出时精力显得最旺盛，入夜后却不知道该怎么办了。火象人应该在夏季储存能量，以便在寒冷的季节里使用。有位太阳落狮子座的女士告诉我说，她如果在夏季经常晒太阳的话，冬天就不容易生病。有一年夏天由于工作的限制，她必须待在屋子里，结果当年的冬天她经常生病。

心理学家罗夫·麦兹纳（Ralph Metzner）是他这个领域里特别研究过四元素与人格类型的人。当他在史丹佛大学做研究时，设计了一个由各种元素的人组合成的工作坊。经过一段时日对四元素以及这些人的人格类型的研究之后，麦兹纳得到一个结论：四元素代表的不同类型的人，的确会“以不同的方式和不同的速度促使经验发生”。四元素会引领这四种不同类型的人，以不同的方式面对生命的冲突或经验。风象人会使自己凌驾于冲突之上，因此能够在事发的当下以优雅的态度面对难题，但事后却可能怪罪那些带给他麻烦的人。水象人也会厌恶各种形式的冲突（天蝎座例外），他们会试图超越冲突或躲避冲突，但如果所有的尝试都失败的话，就会从眼前的人事中消失。天蝎座人却往往会寻求挑战或困难，而且觉得这样的挑战可以让他们发展出最大的力量与才智。不过大部分的天蝎座人都会保持缄默，不想导致不必要的冲突。

踏实的土象人则不屑于冲突，宁愿缓缓地化解掉冲突，但若是被逼到墙角，也还是会全力以赴地面对问题。尤其是落在金牛座的人，虽然他们不会主动制造冲突，但如果被逼急了，往往会产生令人惊讶的愤怒和力量。火象人则会击退、吓阻或燃烧掉障碍，他们极少会展现老谋深算的行为模式。露易斯·H·萨尔金在她的那本《如何处置你的人际关系》一书里，把四元素视为了解不同的人在处理问题时的态度之工具，她说："火象人会全神贯注于眼前的情况，喜欢以直接的行动解决问题，而且行为往往冲动、不审慎。土象人则渴望达成实际而有用的目的，他们无论会不会运用常识，多半是常识丰富的。风象人通常会三思而后行，水象人则是易感及直觉敏锐的，他们会静待解决问题的指引。"

了解四元素，可以帮助我们产生自知之明，让我们以最佳方式和自己共处，满足自己的需求，活化自己的能量场。四元素也能指引我们有效地控制和输送自己的能量。帕拉契尔苏思(Paracelsus)是中古世纪的一位占星家及灵疗者，荣格视其为现代心理学先驱，他认为每个元素背后都有一种自然灵在守护着。这些自然灵在世界各地的神话里皆可发现，而且都象征着四元素的运作方式。我们无须计较这些自然灵是不是真的存在，只要去了解帕拉契尔苏思的著作如何教导我们与这些势力共处就够了。其中的水神被视为水的守护灵，书中表明此种能量必须借由坚定的态度来加以处理。由此可知，水象人必须以坚定的态度与自己相处，而且别人与其相处的最佳态度也必须是坚定的，尤其是当他们的情绪失控时。气灵据说是活在空气中的女精灵，可以借由定力来加以掌握，因此风象人不妨运用定力面对生命。要风象人做出果断的决定是很难的事，但这是他们演化过程中很重要的一步。

火神则是活在火元素中的精灵，掌握它们的方式是保持心情的平稳。换句话说，有意识地培养平静知足的心态，便能以最佳方式运用火能量。如果火象人能平静地接纳当下发生的一切，就能免于浪费能量或制造压力。地精是土元素中的精灵，据说可以借由开放的心胸来予以掌控。很显然开放的心胸不是土象人身上容易看见的特质，因此学习活在这种态度中，往往能为其带来帮助。我可能要再加上一句话，如果土象人能够把这项特质融入他们的本质里，就可以散发出最强大的能量和光彩。

治疗艺术中的四元素

四元素在各种治疗艺术中的运作方式无须在此赘述，但稍微提一下或许能让我们以不同的观点来看这些活生生的势力。事实上，直接体验四元素的能量流动，我们就能在生活中的每个层面觉知它们的力量和影响。我曾提过 A 先生在他的治疗工作中如何运用这些基本的生命力，读者可以在《天生治疗者》这本书里详加了解他的概念。史东医师同时也在他的“两极治疗法”中提过四元素。史东医师甚至把四元素的整个科学理论都清楚地说明了，因此当四元素不平衡的时候，我们可以借着这些说明来治疗自己。史东医师虽然写过好几本书，但是对一般人而言技术性太强了。不过，在《能量，治疗艺术的重要法则》中，有几章每个人都可以理解（请参阅附录，里面谈到了两极治疗法和占星学的关系）。

史东医师有许多概念都是从印度吠陀系统撷取来的，这种古老的医学体系完全奠基于四元素与食物、气候、运动、药草及各类活动之间的关系。中国的针灸术是另一种奠基于四元素的治疗艺术，任何一个接受过这种疗法的人，都经验过穴位被刺激时能量在经络里流动的感觉。那些学习哈达瑜伽的人也必须了解四元素与脉轮之间的关系，而那些长期练习哈达瑜伽的人，则通常会在生活里体认到四元素的存在。威廉·戴维森医师的《医药占星学演讲录》是很值得阅读的文章，这位同类疗法医师四处宣讲四元素的重要性，在他的演讲录里你可以发现某个元素被特别强化时所造成的身心问题。

这些治疗系统全都根植于同样的概念：四元素的生命力会在每个层次带给我们活力。如同19世纪的美国药草专家萨缪尔·汤姆逊（Samuel Thomson）所描述的：

> 人体就是由地、水、火、风组合成的，四元素的输送如果流畅平衡，身体就会健康，四元素如果被扰动，疾病就会产生。

中世纪文艺复兴时期有关四种体液的理论，也是奠基于相似的概念。当这四种体液在人体中分配得恰到好处时，人的性格就会平衡，身体也会健康，但只要四元素或四种体液中的一种过剩（就我们的本命盘来看，大部分都有这种情况），则往往会影响一个人的肤色、健康、心态或脾气。

这些观念一直被某些科学家和医生耻笑，直到最近东方的治疗方法被重新发现，草药及同类疗法再度复兴之后，这些人里面比较有开放思想的人，才被迫重新检视某些遭到忽略的概念。如果我们真的是由这四种基本能量组合成的，那么与这些可以平衡四元素的方法接触，就是一种合理的选择。奥柏瑞·T·卫斯雷克医师（Dr. Aubrey T. Westlake）是《身体状况的铸型》（The Pattern of Health）这本书的作者，目前已经开始探究这个主题，他在书中写到“疾病最初的形态并不是物质”，而是源自于基本生命能量的流动被干扰，最后导致“阻塞、改变以及扭曲”。同时他又写到，“然后就会导致不平衡、不足或过剩等等现象，于是我们就称之为疾病”。卫斯雷克称四元素为“以太的构成要素”，他认为“这些能量的和谐与平衡，便是我们所谓的健康与整合状态”。他与史东医师的想法非常接近，他说：

我们前所未有地对疾病和病理情况有了了解，但是却对健康与整全状态所知甚少。现代医学的确已经陷在恶性循环里，如果仍然以纯物质次元的想法来思考疾病，我们是没有出路的。我们唯一的出路就是去认清物质背后确实有能量存在。

但这一切又跟占星学有什么关系呢？答案是：借由对占星学基本元素的正确了解，我们可以得知哪些元素缺乏、不平衡、过剩，而导致了身心上的种种问题。如同卫斯雷克医师所言：

> 我们首度真正拥有了预防医学，因为我们现在可以侦测到疾病尚未示现之前的指标。如果能够在早期阶段侦测到它们，就可以加以治疗，但如果形成一种既定模式，便成了不易治疗的疾病。

第十二章　元素的诠释

如果把本命盘的诠释重点放在元素上面，就会出现崭新而深刻的意义，因为以这种方式来诠释，我们就是在处理运作中的某些特定的生命能量，而不只是着重于这些能量示现成的外在行为及性格。如同我们早先陈述过的，每个人都是由四元素组合成的，缺少了任何一种元素，这个人就不存在了，因为支撑其生理及心理的能量势必无法运作下去。在一张本命盘中，上升星座的元素代表我们最能意识到的主要能量与特质。这重要的元素代表你能觉知到的能量，由于能觉知得到，所以你可以轻易地在日常生活里运用它，也自然而然能参与它所象征的经验领域。星盘中缺乏的元素，则代表无法有意识地接触到的生命面向，因此这些元素代表我们必须带着觉知去培养和发展的倾向，如此才能活出圆满的人生。

一个人星盘里的元素如果不平衡，往往可以分析出许多有关这个人的问题。我们经常可以透过这个方式找到一个人生命中的特定问题，如果此人能逐渐觉察四元素中有哪些是不平衡的，就能跟过去缺乏联结的生命经验产生接触。不过当然我们无法只借由分析和探讨问题来改变自己的倾向，但我们可以更彻底地借由某些领域的活动和特定类型的人，来教导一些我们必须学习的事物。那些本命盘中有某个元素被强化的人，通常会过度重视经验的某个面向，故而忽略了生命的完整性。

当我们在分析一张星盘的元素是否平衡时，最重要的指标就是太阳的星座，次要的是月亮、上升点及火星，接着是金星与水星，然后是木星与土星。天王星、海王星及冥王星是不易被意识到的，虽然它们的确能代表一个人隶属的那个世代的潜意识驱力。基于实际的考虑，三个外行星坐落的星座元素是不必太关切的。我真正想强调的是，上升星座的主宰行星元素与太阳星座的主宰行星元素，必须看成是特别重要的参考点，除非其主宰行星是天王星、海王星及冥王星，否则这三王星是无须太关注的。上升星座的主宰行星的元素在一个人的星盘里占有极重要的地位，因为此人的生命会被那个元素所强化。举例来说，某人的上升星座是天平座而金星是落在巨蟹座，但并没有其他的行星落在水象星座，那么此人反而会特别展现出水象特质。换句话说，此人会特别受情绪需求的掌控，而很想表达心中的细腻感受与情感，同时会展现出巨蟹座富有同情心的本质，即使太阳、月亮及上升点都落在风象星座，也还是会有这种倾向。

将重点放在上升星座的主宰行星元素，可以帮助占星师认识个案内在的主要驱动力，但若是把各个行星坐落的元素加起来，借以分析什么元素是最重要的、什么元素是具有操控性的，就很容易认识不清。许多占星师因沿用上述方式而造成了判断上的失误，所以才又去寻找各式各样的“玄秘”理由,来解释个案的人格特质。做占星咨商时若是从能量的部分来了解一张星盘的作用力及基本要素，就不需要仰赖那些次要的方法了。

让我再举一个太阳星座主宰行星坐落的元素的例子，来厘清我所指称的方法。最近我为一位女士做星盘咨商，她的太阳、月亮、金星、天王星、木星及水星都落在牡羊座，很自然地我们会假设此人一定有十足的火象性格，但如果注意到此人牡羊座的主宰行星是落在双鱼座（整张星盘里唯一的水元素），我们就不会把她描述成典型牡羊式的自我中心之人。事实上，坐落在牡羊座的所有行星都受到水象星座的影响，故而将牡羊的驱力与展现染上了一层敏感的色彩，而这是所有行星都落在牡羊座不易见到的现象。

分析一张本命盘的元素是否平衡时，不该太快下结论，因为一个元素就能改变整个能量场的表现方式，因此我强烈推介这种观察方式，并且要提醒占星师，把行星坐落的元素加起来的方式是有局限性的。我们在分析一张星盘的元素时，理想上此人若是能跟每一种元素都相应，的确比较能达成生命的和谐性，而且有能力参与眼前的各种经验。但很少有人能活出这么平衡的状态，因此缺乏一些元素不该被视为一个人的负面特质。人往往有能力补偿自己的缺憾和弱点，甚至能有意识地培养先天缺乏的特质及能量。我们应该把元素的平衡与否视为个案进一步发展的指南，因为这能显示出自我表现上的局限。

火元素不平衡

一个人的火元素如果太缺乏，往往会缺少旺盛的精力，消化系统也比较弱。缺乏火元素会显现精力不足或不信赖生命的特质。这类人缺少生活中的喜乐，对人生的信心不足，不够乐观，自信心也比较低落。同时他们也会有意志消沉的倾向，对满足生活的需求也缺乏兴趣。挑战通常令这类人感到畏惧，生命中重大的问题需要很长的时间才能克服，这是因为经验残留下来的影响会持续很长一段时间。缺少火元素永远都代表一个人在面对生命时的重大困难。激烈运动能够让这类人的火元素受到激励，因此我建议他们必须做这一类型的运动，此外饮食方面也要特别留意，尤其是土元素也缺乏的话。由于他们的消化功能无法分解浓重的食物，因此无论是运动或饮食习惯，都应该以缓和的方式进行，这样才不会过度消耗能量。不过这类人通常很有耐性，如果火星或太阳被强化的话，也可以带来一些弥补。

反之，火元素被强化的人很少能感受到自己的倾向带来的问题，除非事到临头而感觉束手无策时。这意味着此人可能会耗尽自己的能量，只剩下一个空洞的壳子，特别是还有酗酒和嗑药问题的话。他们通常会过度活跃或总是热衷于完成一些事情，同时在与人相处方面也会产生一些问题，因为他们的冲动、自我中心倾向，以及不计一切想立即付诸行动的欲望，都会使他们变得极敏感或是以鲁莽的方式对待别人（如果本命盘里有风元素及水元素，这种倾向就会得到弥补）。C.E.O 卡特对这种不平衡状态的论断如下：

> 遭逢困难的时候这股能量会变得失控，而且会使人自我耽溺、过度自信、不顾后果、奢侈、夸大、情绪不稳定、狂放无忌。我们会因此而展现出原始的特质，而且会显得虚荣、好大喜功、自我重要感过于强烈，有自大倾向。

从好的一面来看，火元素被强化的人通常都有极高的行动力，而且能成功地执行各种计划，达成各种需要付出勇气、能量及奉献精神的理想。

土元素不平衡

那些土元素太缺乏的人，往往无法适应物质世界、肉体或物质次元的局限，以及生存必备的条件。他们可能有点不着边际，因为无法落实于眼前的衣食、金钱或居所等现实考虑上面。这样的人往往会忽略生存所需，而且抗拒长大成人，除非被迫面对无法逃避的现实。这种与现实及肉体次元脱节的倾向，会导致他们找不着在世上的定位，没有足够的支撑来展现自己。他们会觉得无立足之地，无法融入社会结构里，也得不到满意的工作。这种不适应的感觉会让这类人寻求对他们而言较为真实的生命经验，譬如活在想象世界里,或是追求超越物质局限的灵性境界。换句话说，这种缺乏土元素的情况也会带来很有利的影响，因为这类人会认为没什么事是不可能的，包括他们的创造力的展现以及灵性追寻在内。他们的想象力可能极为狂放，而这会带来某些成果，不过还是得面对物质生活的基本要求。

缺乏土元素也会导致对肉体需求的觉知低落，这类人的肉体需求似乎是比较次要的，他们经常忘了吃、运动以及适度的休息。你会发现他们的皮肤看起来较差，这代表生命能量无法活化肉身这副工具。相反的，那些土象元素被强化的人，则往往有特别油润的皮肤，看起来气色很好。因此缺乏土元素的人必须有意识地培养生活秩序，譬如把时间腾出来放松地进食，进行一些缓和的运动，得到充足的休息。换句话说，带着觉知去接受物质世界的局限，可以使他们善加利用支撑物质世界的能量。我要在此顺便一提的是，虽然这些人缺乏土元素，但若是有土星被强化的现象，就可以减轻这种不平衡的倾向。

那些土元素过于被强化的人，则容易从表面去看事物。他们的视野比较狭窄，经常执著于事物的效用而忽略了理想，而且缺乏想象力。尼克松就是一个最明显的例子（他的太阳落在魔羯座，上升点落在处女座），他因为太强调现实面的效力以及物质层面的考虑，甚至可以牺牲道德原则。这类人很容易丧失对自己行为的洞察（除非星盘里有许多风象星座），也不容易认清自己运作方式的根本意涵。这些土象星座被强化的人显然在大部分情况下都极有效率，同时也有不凡的内在力量，而且需要把自己的能量导向特定的工作。不过他们往往太投入于工作及现实事物，因此职业上如果突然产生变动，自我价值感就会遭到威胁。这类人通常带着一种犬儒主义和多疑的态度，而且不可避免地会有心性上面的质量问题，因为人若是缺乏人生的理想或启示，是很难找到生命意义的。但这类人如果有海王星或木星被强化，就能够让他们的现实性找到一个抒发的管道，以转化因不平衡而带来的负面特质。

风元素不平衡

一个人本命盘的风元素如果太缺乏，他通常不会觉得这是一个问题，因为他们会太投入于行动、感受及物质上面的考虑，而不会去思索投入于这些事物的意义是什么。但就是因为缺乏对自己以及对人生的洞察，所以往往会制造出一些问题。要他们从自己的行动中抽离出来是很困难的事，因此他们经常会发现被涉入的事物所捆绑。他们可能没有足够的认识便形成一份亲密关系，或者无法有效地与对方合作。风元素带着一种统一的特质，能够让一个人轻易就适应了某些新观念以及不同类型的人。反之，缺乏风元素的人则显然不易适应新的观点或新遇见的人，而这会导致他们不相信那些看起来智力很高的人。美国前州长华莱士（译注：影星伊丽莎白·泰勒的前夫）在这方面就是一个很明显的例子，因为他星盘里的火元素与土元素过度被强化。他过往的竞选策略时常拿“那些尖头尖脑的知识分子”来开刀，换句话说，这类人通常不信赖那些想得太多的人，但若是水星被强化就会减轻这种倾向。

与风元素相应的人可以轻易地从特定的角度来看事物，缺乏风元素的人则很难洞察自己，而且无法从客观的角度反省自己。除非有处女座被强化的情况，否则他们通常无法分析自己，而且很少有推理能力或清晰的表达能力。他们的神经系统很脆弱，无法快速地适应新观点，甚至有身心方面的问题。这类人对自己无法消化的概念或人会产生生理性的激烈反应，甚至会出现身体上的不适，或者会以非理性的态度迫使脑子里的强烈念头消失掉。

风元素被强化的人则往往有过度活跃的头脑，而这是必须加以控制和疏导的倾向。这些人会活在头脑的活动里，如果没有土象或火象星座来促使他们产生行动，可能会好奇地去接触各种事物，却无法发展出内在的深度。这类人无法在不思考的情况下立即行动，极端的情况可能会导致意志力的麻痹，以及严重的精神失序。他们的心可能迷失在想象世界与精彩的概念里，而完全失去和现实的联结。如果有正确的心智训练，这类人通常会是思想领域里的创新者（诺贝尔奖得主里面，太阳落风象星座比落在其他元素的人要多得多)。他们可以跟各种不同的人协调沟通。

在生理上，这类人可能意识不到身体的状况，而把自己的能量耗到极点。他们的神经系统非常活跃，而且极为敏感，但消耗精神能量的速度也比其他人要快。他们很需要借由冥想来恢复精力，让自己的神经系统充电，并且要避免在精神上消耗过度。他们必须不时地从一般的正常工作及家务事转移到其他场景，来摆脱深层的担忧倾向、无尽的计划以及矛盾的思想。

水元素不平衡

水元素太缺乏的人会示现成广泛的心理、情绪及健康问题。大部分缺乏水元素的人都很难以同理心或慈悲心进入别人的感受里，也很难意识到自己的感觉和情绪需求，但并不意味着他们缺乏敏感度，而是不易处置自己的感觉。对他们而言情绪就像是一个危险的陌生国度，只会带来困扰而不会带来利益。在极端的情况下，这类人会因水元素不平衡而显得冷漠、孤高与无情。这类人以缺乏同情心著称，而且很难对别人付出情感上的温暖，他们似乎把别人的感受看成是不重要的事，或者无法认清在别人身上投射了他们无法接纳自己的部分。他们总是在情绪上自给自足而否定了对情感的需求，这会令他们无意识地依赖那些能轻易表达内心感受的人。

缺乏水元素也会示现成一种对直觉智慧的不信赖，事实上这些人主要的问题是不信任自己的情绪，而且很轻易地就把它们草草了断，视其为不重要的干扰。如同荣格在其著作中所描述的，任何一种被我们否定的感觉，都会借由潜意识的活动持续地影响我们。缺少水元素的人会拒绝让别人把他们从空洞的感觉里拉出来，但同时又会做出不怎么能意识到的姿态，来透露出内心的孤独、恐惧或痛苦。不过水元素不平衡的人仍然可以发展出情绪上的稳定性，以便让那些萦绕在心的感受浮出表面，如此才能把长久否定掉的痛苦释放出来。这些人似乎对痛苦极为恐惧，其结果是忽略了自己的情感需求，以至于继续经验更多的痛苦。

在生理上，缺少水元素会示现成严重的排毒功能不佳问题，因为水元素是净化、治疗以及洗涤的能量，而那些缺乏这种元素的人，很容易累积情绪和生理的废物，而逐渐导致毒素的累积。毒素的累积可能会以不同的症状显现出来，治疗方式多半是要做彻底的生理和情绪排毒。我们早先提到过史东医师的观点，他在那次重要的演讲里说明了人体 90%~95% 的问题，都涉及到水元素的不平衡，也就是情绪上出了问题。那些水元素运作功能不佳的人，特别容易出现生理性的疾病。本命盘水元素旺盛的人，则往往能成为天生的治疗者，因为水元素本身就带有净化和治疗效果。缺乏水元素的人必须注意自己的饮食，而且可以借由缓和的断食与食疗来获益。换句话说，这类人一旦有意识地改善情绪和生理的净化功能，就能克服水元素不平衡带来的问题，以及因毒素累积所造成的严重干扰。

那些水元素被过度强化的人可能有一种在汪洋中漂流的感觉，他们的小船可能是没有罗盘、没有舵、没有帆，也没有桨的。他们很容易被外面的风吹草动所影响，而且无法掌控自己的情绪反应。这类人对任何一种经验都很敏感，这种倾向要不是带来极深的直觉力，就是反应过度。如果他们的情绪一直失控，不断地想要自保，就可能因恐惧、负面反应以及害羞而丧失活力。经常被情绪淹没一定会让人疲惫不堪，因此他们这种无法面对外界压力的倾向，可能会导致他们想要缩回到内心世界，以逃避生命带来的挑战。

这类人经常充斥着各种矛盾的情绪，如果不善用自己的敏感性和同理心来积极地关怀别人，便可能一直陷在以上的困境中。他们一旦能克服耽溺于情绪的问题，就有能力发展出情感上的自主力，而且能彻底献身于理想，他们往往有丰富的想象力，以及对灵性和玄奥次元的感应力。他们的奉献精神是非常真诚的，然而在别人眼中却像是以奉献为名来掩盖自私的动机、填补内心的空虚。因此这类人很难被理解，除非你能明白他们大多是被深层的渴望及不安全所驱动，而且是他们自己很难察觉的。除非这些渴望能够被清明地觉知，否则这类人的行为会一直有冲动倾向，他们一旦能认清这些渴望的真正目标乃是要获得灵魂的解脱和宁静，就能有效地运用他们的能量。

这些水元素过多的人比其他类型的人更容易出现极端的行为，而且很难对他们做出概略式的分析。不过水元素被强化的人的确有潜力展现出最高的灵性特质，包括爱、慈悲心、奉献精神以及乐于助人的同情心。但是达到这种层次的人毕竟是少数。在生理层次上面，水元素被强化的人往往能不断地排除生理及情绪上的毒素，但仍然要看此人对自己的情绪需求有多高的觉知。

自我表现或自我压抑

我们在前面直接提到四元素的分类法。风元素与火元素代表的是积极的自我表现，水元素和土元素代表的则是消极或自我压抑。我们经常发现星盘里的某种倾向如果被强化，另外一种就会缺乏，而这会带来心理上的不平衡倾向；通常风与火元素是被归类为显意识的活动，水与土元素则被归类为潜意识的活动。因此我们必须分析一下，看看这样的不平衡倾向会表现成什么样的心理特质。

缺少风与火元素，强化水与土元素

性格特质是严肃、有深度、自我保护、工作勤劳，这类人若是在工作或情感上没什么责任需要承担，会有一种不舒服的感觉。他们重视生存所需、安全保障以及足可倚赖的资源，因此会努力保有金钱、财物、工作、孩子等等。他们有毅力，能够从灾难中重生，对传统价值十分重视，而这会令他们护卫家庭，有强烈的小区意识。

他们的问题点在于驱动力通常出自感觉、恐惧、习性、过往的制约、安全需求以及潜意识里的其他因素，而这会导致操控别人以满足自己的安全感，或是执著于过去，害怕面对现在及未来。他们往往缺乏理想、信心、正向思考，而且不易发展智能与沟通能力。从最佳的角度来看,这类人很能扎根于日常经验的当下现实，而且能够以内在力量及决心面对一切。从最糟的角度来看，他们可能是吝啬的、贪婪的、操控性太强，而且不敢冒点险来促进自己的成长。

缺少水与土元素，强化风与火元素

从最佳的角度来看，这类人展现出来的是理想主义、正向思考、启发性、纯正的动机。但是他们面对人生的态度不怎么落实，往往得借由困难的经验和幻灭来认清生命的阴暗面。他们经常忽略能带来稳定性及内在力量的需求与感受，而且不由自主地想研究潜意识里的活动或情绪，也会对照料生理需求的方式感兴趣；这能促使他们以更完善的方式过日子。这类人有能力将概念付诸行动，而且有能力洞察行动的意义与内涵。他们比较危险的一面是经常活在头脑与愿景中，因而忽略了情感的深度和生理需求。

这类人有高度的幽默感，对生命乐观，有语言才华。从最佳的角度来看，这两种元素的组合特别有创造力，能够协调思想，富有灵感，有能力将计划付诸实践。这类人不易完成事物的原因，就在于宁愿停留在高昂的愿景里，也不愿负起实际责任去面对情绪及工作上必须付出的毅力。他们可能会分散精力，消耗过度。

其他元素的组合形式

以下是两组不相称的元素能量的组合。很显然这会造成整合上的问题，因为两组不同类型的能量，代表彼此陌生的两个生命面向，只有付出极大的努力、纪律与锻炼，才能让它们聚焦。在极端的情况下，这类人会觉得被两股截然不同的表现模式拉向两端，其中之一若是被忽略，便可能有能量罄竭的感觉。事实上占星学所谓的 90 度相位，指的就是行星落在两个不相称的元素上面所形成的两难之局。这代表此人必须努力整合这两个生命范畴的自我表现。

这类相位代表的是显意识与潜意识之间的某种互动方式。但传统占星学并没有说清楚这一点。其实这类相位也会促使一个人从严重的挫败与冲突之中，发展出生产力及高度的专业技巧。借由努力统合这两股能量，此人必须发展出相关范畴的专注力与掌握力，而这会拓展其视野、增强理解及创造力，以下的几个例子应该可以厘清这些看法。

风元素与水元素的组合

虽然这些人会觉得情绪与智力之间有一种拉扯，但还是能分别与这两种生命范畴相应。对他们而言，抽象思考、感觉或直觉都不陌生，因此能够发展出包容这两种视野的运作模式，而这会令其深入思考自己的概念，同时对自己的感觉和渴望有抽离观察的能力。这可以说是最敏感的元素组合（生理及心理），但这份敏感性可能令他们变成梦想家、逃避主义者或不满现状之人，也可能发展出惊人的想象力、艺术及科学的创造力，或者在咨商及治疗艺术上面发展出特殊技巧。若是将这份敏感性发挥在上述领域里，就能更细微地觉知潜意识里的活动，发展出精确的诠释能力。

风元素与土元素的组合

这两个元素的组合会令人产生抽象概念与现实能力之间的拉扯，但并不会带来太大的冲突。这是因为风与土的星座是由同样的行星所掌管的（水星同时掌管双子座与处女座），所以它们的运作模式、特质以及价值观是相同的。不过我们必须留意，它们在个人星盘里的相称性，比星盘比对的相称性要高。在表现模式上面，虽然这两个元素的能量并不相称，但某些基调是互补的。当这两股能量调和到某种程度时，个案就有能力运用智力完成具体目标。他们的理念能够奠定在现实基础之上，将创意观点落实在物质世界里。他们相当有远见，态度抽离，思想实际，逻辑太清楚而显得有些枯燥。他们的运作方式之中绝无冲动或情绪化倾向，而且往往不信任有这类倾向的人。这是企业主管或创业者的最佳元素组合，其他需要用到智力的工作也很适合。许多在政府机关里工作的人都有这种组合，因为他们能够处理繁文缛节而不觉得神经紧张。

水元素与火元素的组合

这种组合与前面的例子刚好相反，因为这类人对每件事的表达都相当情绪化。他们显得兴味十足，有些冲动，缺乏有系统的思考及行动，而且带着焦虑或主观倾向。这种组合会造成情绪的极端化，他们对别人的评语十分敏感，性格强烈。这类人的贪婪和缺乏自制力是比较明显的，而这种倾向会导致严重的情绪波动（即使是天蝎座—狮子座的组合，一旦放下了自我控制的执著习惯，也会形成这种倾向）。他们是在高压状态下运作的，通常面对外在挑战时会有最佳表现，虽然在自由与执著、未来愿景与安全需求、自我中心与无私之间会有冲突产生，但却能促使他们以敏感性来修正自己的冲动，在表达自己的感受时能考虑到别人。他们的态度通常很单纯，而且很能鼓舞别人，最极端的情况可能是完全无法被预测，经常在充满灵感与深切的挫败感之间摆荡。在最佳状态之下，他们则显得十分温暖，乐意支持别人，呵护别人。这个组合很适合演艺事业以及商业事宜，因为他们谨慎而精明，善于营销推广，具有说服力。

土元素与火元素的组合

吉波拉·都宾斯称这种组合为“蒸汽压路机”。她说这是“最富有创造力和生产力的组合，因为火元素的开创力与土元素的落实性，可以组合成切实形式的生产力”。在《从天宫图认识一个人》（Finding the Person in the Horoscop）一书里，都宾斯博士继续说道：“这种组合会让一个人永不罢休地运作下去，因此可能对世界产生真正的影响力。”这的确是对这两组元素互动方式的正确描述，因为土元素可以为火元素象征的自我表现带来支撑力。而且这类人能够在落实的基础上测试自己的愿景，看看其精力能不能用在生产上面。因此这类人有能力保存及导引他们那不可轻忽的生命力，来达成特定的目标与企图。土元素为火元素带来了额外的耐力和纪律，火元素则为土元素提供了信心与自发的信念。这类人热爱工作，看见自己的能量为世界带来了影响，会令他们感到相当满足。许多从中小企业起家最后成为大企业家的人，星盘里都有这两种元素的组合。

土火的组合为一个人带来自我主义与谦卑、慷慨与保守之间的平衡性。这类人不喜欢依循社会角色或一般的教育模式，宁愿按照自己的方式来面对外在世界的挑战。这种组合最大的问题就在于缺乏敏感性以及粗暴倾向。“蒸汽压路机”既不反观自己，也不特别在乎那些被他辗过的人；他只顾着往前行进。如果能留意生命的精微面向，包括自己的内在世界、理念与价值观，情况就会好多了。这股能量一旦投入于服务他人，并能觉知到行动的内涵，就能借由毅力、可靠性及生产力来展现强而有力的爱。

第十三章　人格整合的潜力：相位和行星的关系

如果一个占星师只采用几个主要的相位做咨商，那么强调四元素往往能帮助他们了解和诠释整张星盘。以我来看，在相位的解释上，元素才是最重要的部分，但这并不意味我低估了泛音盘理论的重要性。举个例子，大部分的占星师都认为150度角是个小相位，因为它显示的只是两个行星之间的张力。这个相位同时也跟由罪恶感及冲动促成的行为模式有关。但如果根据四元素的法则来考虑这个相位，就会发现所有的150度角都涉及到不和谐的元素，而这的确是个重要的问题，因为总是有一股焦躁不安的能量会干预行星的表现。（150度角也可能是由两个和谐的元素组成的，譬如1度的牡羊座和29度的狮子座，这么一来，此相位的紧张能量就会减轻。）

同样的，我们也必须从四元素的角度来考虑30度角和45度角。这两个相位的元素如果是和谐的，紧张的程度就会减轻，也比较能顺利地生产出一些东西来。这样的诠释法则也可用在90度、

120 度角和其他的相位上面。举个例子，形成 120 度角的两个行星如果元素不和谐，那么自我表现的流畅度就会比落在相同元素的 120 度角要低，虽然此人仍然会有某种明确的才华。我们可以说，行星相位的元素代表的是一个人释放出来的能量基调，每一种紧密相位都代表一个人内在能量的交流情况。

我们可以借由元素来观察行星能量展现的差异性，即使不形成任何相位也一样。这个原则在星盘比对时甚至更重要，因为星盘比对主要是在分析两个人互动时的能量交流情况。根据史东医师的观察，四元素就像齿轮一般，若不是彼此啮合，就是彼此抵触。啮合的能量会带来高度的和谐性，继而促进一个人的健康和自我表现的自在度，但并不必然会带来洞见或成长。不和谐的元素造成的冲突和抵触，不可避免地会带来健康上的压力和精神上的紧张，但如果善加利用的话，也能带来生产力。这种情况虽然会让个人的整合变得很困难，但也可能因为需要拓宽经验的面向，融合两种相互冲突的元素，而带来进一步的成长。换句话说，将看似不相称的人格特质统合起来是有可能的，而且其中的确埋藏着创造潜力，因为内在的张力会迫使一个人行动和生产，以及借由对生命的复杂性的觉知而获得成长。这份整合两种不同元素的需求，可以让一个人发展出更完整的觉知和更专精的技巧。

两个行星形成紧张相位，不可避免地会显现出矛盾冲突的动机或驱力，因为两者会同时寻求自己的表现方式，并且会彼此干预。

传统占星学将这种相位诠释成自我破坏的能量，令许多占星学子忽略了这类相位背后的目的，以及它们可能带来的极为正向的结果。我建议读者不妨阅读卡特的《占星学的相位》，这本书很清晰地阐明了120度角也代表自我满足和无动于衷的人生态度，而许多紧张相位却代表更大的创造潜力和更高的觉知。

现在让我对相位及四元素做个总结：虽然相位一向代表特定的能量形式，但只有仔细检视太阳、月亮、上升点及其他个人行星坐落的元素的和谐性，才能彻底了解一个人面对人生的态度，以及他在表现自己时可能运用到的各种能量。举个例子，日月90度的不和谐元素，代表的是一个人在表达自己或聆听别人时可能会突然换档。这种相位代表潜意识的需求（月亮）会阻碍显意识欲望的表现（太阳），如果又落在不和谐的元素上面，内在就会有十分明显的挣扎，而这会显现出相互竞争的两种人格模式，继而使别人弄不清此人真正的意图是什么。但这个90度角如果是落在和谐的元素上面，挣扎就不会那么明显，虽然此人仍然会经验这个相位常见的示现方式，譬如接近异性时会有困难，或者潜意识的习性模式会干预自我表现的自在度。

让我再举个例子来说明对元素的观察方式。譬如某位男士的太阳落在处女座，月亮落在狮子座，这两个行星虽然没有重要相位，其元素却是不相称的。这意味着此人虽然不会呈现90度角的冲突或阻碍，但内心仍然有一种不和谐性，而且会同时展现出两种不和谐的存在模式。此人最主要的自我表现是由太阳处女座所主宰的，这意味着他在服务或帮助别人的时候，最能展现活力和优良的表现。但是他的月亮是落在狮子座，因此他也会无意识地想留给别人深刻的印象，或是想超越别人、在任何一种活动里突显自己。我们可以说此人最主要的人格是由处女座所主宰的，但过去世的局限会让他以狮子座的模式展现自己，而这会阻碍太阳能量的流畅性。处女座的谦虚和自我收敛特质，显然和狮子座的自尊及自我夸大是抵触的，因此这两种能量的结合一定会阻碍此人的人格整合，虽然这两个行星并没有任何相位。

我自己的亲身经验是，在诠释一张星盘时首先要衡量日月的相称性、人格的两极性，以及哪一个元素的能量特别被强化。深入地分析这些要素，往往会让我们产生一般占星诠释法则所不能带来的洞见。接着我们可以检视一下其他行星的相称性：太阳与水星；金星与火星；水星与木星；木星与土星；太阳与金星；月亮与金星等等，以便更精确地定义自我表现的不同模式，以及可能消解内在冲突的种种方式。

让我举几个例子来说明一下。譬如某位男士的太阳是落在人马座，水星是落在魔羯座。我们可以说此人的主要性格是人马式的理想主义、开放的心胸以及对真理的追寻；水星代表的则是此人面对新观念时的理性倾向和周密的思考，因为水星落在魔羯座一向代表多疑、谨慎和传统的思考方式。这意味着此人的思考方式可能会阻碍他接受他所渴望的真理和理想。虽然他会以开放的心胸去聆听某种新观点，但最终他还是会决定自己最重视的是什么：到底是追求心智上的安全感和慰藉，还是去满足内心真正的渴望。

假设一个人的金星和太阳坐落的元素不相称，也可能带来类似的冲突。此人受情绪左右的品味（金星）往往会跟他最核心的需求及价值相左，而这会以数种方式呈现出来，譬如吸引来无法满足自己真正需求的亲密伴侣，或者表现情感的方式不符合自己最高的价值。

太阳与火星的元素不相称，也会有类似的情况。譬如某位女士的太阳是落在宝瓶座，火星是落在金牛座，那么在生理上她就会被符合金牛形象的男士所吸引，但这位男士展现出的自我，显然会跟她的宝瓶座对自我表现和自由的重视产生冲突，那么她到底会重视外表的吸引力还是两人的相称性？或者她会领悟关系不可能十全十美？（请留意金牛座与宝瓶座本来就是冲突的。）

让我另外再举个例子。假设某位男士的月亮是落在天平座，金星是落在巨蟹座，那么此人的情绪反应就是不和谐的。有时他会被巨蟹型的人的敏感度和情绪反应所吸引，特别是女性。跟这类人在一起会令他自在地展现他的情感和热情，而且会觉得对方能够欣赏他，因此在感官享受上会得到满足。但月亮代表的需求比金星要更深一些，因此他逐渐会发现这份需求无法被巨蟹型的人所满足。我们可以说，他需要借由天平型的女人来获得更深的慰藉。

当他遇见这种类型的女性时会有一种找到另一半的感觉，于是他们就结婚了。但这位女士的水象星座并没有被强化，因此不能满足这位男士的金星需求，于是他发现自己的情感生活仍然不圆满。他开始像以往一样又被巨蟹型的女性所吸引，这么一来他就被困住了（金星和月亮起了冲突），因为他最深的安全需求、自我感以及社会形象（月亮），虽然都能借由他的妻子来获得满足，但是他的情感渴望和浪漫的感官需求却遭到了挫败。那么他该如何处理这两种需求呢？他如何能不毁掉自己的婚姻而满足这两个层面的需求呢？这个两难之局带来的挑战，就是让他发展出更深的自知之明和转化情绪反应的机会所在。

在这个例子里面，行星的冲突相的确会带来严重的问题，但即使月亮和金星没有任何紧密相位，其所坐落的元素如果不相称，也仍然会造成问题，因为两个行星就好像挡住了彼此的路似的。此人不可避免地必须满足两方面的需求，而且要把这两股驱力都表现出来，才会觉得自己的人生是完整的。这并不意味他就能解决这个两难之局，但是这么去做，起码可以让他拓宽对自己的了解以及对生命的认识。如同荣格曾经说过的，真正的冲突是无法在意识所属的次元获得解决的。我们只能逐渐脱离它。当一个人的觉知发展到某种程度时，自然有能力从两种面向来看待和接纳这份冲突，然后这份冲突就会逐渐化解掉。

第十四章　行星坐落的元素

为了深入诠释本命盘，我们显然必须发展出一种实际又明确的表达方式。若是能理解行星涉及的元素，我们的诠释就会更明确而有效一些，因为行星坐落的元素不但代表与我们相应的各种经验次元，同时也代表我们将如何有意识地与那些次元调和，或者会以何种能量来接触这些生命领域。行星代表个人和宇宙能源进行能量交换时的特定准则，因此每个行星不但揭露了向外放射的某种能量形式，以及表现欲望的特定方式，同时也代表对特定活动及欲望的需求，而且这股需求必须依照纳入的能量波长来获得满足（请参阅第九章尾有关行星的核心概念）。

水　星

水星代表的是向人表达思想的驱力，以及透过语言或技艺来确立自己的想法，同时也显示出想要被人理解的需求，以及从外在世界撷取概念和信息的需要。换句话说，水星代表与人建立施与受的交流的渴望，方式是透过觉知来纳入外界的讯息，或借由技术、言语、精巧的手艺向外展现自己的智力。水星坐落的元素则代表影响当事人的能量及特质，也代表此人将如何依照某种能量波和思考模式来表达想法。譬如水星落在水象星座，代表此人的沟通模式强烈地受深层渴望和潜意识的倾向所影响。水星落在土象星座，则代表此人的思想会被现实的需求所影响，而且比较接受能够实际运用的想法。水星落风象星座代表此人的思想是较为自由的，不受情绪及现实需求约束，能尽其所愿地进行抽象思考。换句话说，由于风元素的核心意义就是概念，因此水星落在风元素是最舒服的位置，因为心智比较能轻松自在地运作。水星落在火元素，代表此人的思想是被自己的愿景、理想以及个人性的计划所影响，因此水星落火元素不像落在风元素那么客观，但却能以确切、带有目的性的方式来运用正向思考。

如果将两张星盘拿来对照研究，会更清楚地认识上面所谈到的水星坐落的元素特质。我们会发现沟通时运用的语言远不及背后的能量来得重要。举个例子，如果你的水星与对方的行星成和谐相，或是对方的水星与你的行星成和谐相，那么即使她或他的想法表达得十分不明确，你也还是听得懂对方在说些什么。反之，如果你的水星与对方的某些行星成冲突相，那么即使对方表达得非常明确，你仍旧很难听懂她或他在说些什么。就算是透过文字来进行沟通，水星的能量振动仍然十分明显，但面对面的接触会更明显一些。

譬如我的占星课程里有位女士（她坐在离我 20 排远的位置）提出了一个问题，在她还没说完这个问题时，我发现我已经完全理解了她的意思，而且是超乎寻常地清晰与明确。我立刻询问她水星落在什么星座，她回答说她水星的星座与我是相同的，而且度数也几乎完全相同！这立即说明我为什么能迅速彻底地了解她的问题的理由；因为我不只了解了她提问题时运用的语言，同时还能自动地与她的意识相应，而且立即明白了问题之中的所有意涵。但是在课程里我也发现过相反的情况，譬如有一位我不太能相应的学生，竭尽所能地想让我明白他所提出的问题，但是我必须花额外的心力来理解此人的心智活动，才能领会对我而言十分陌生的思维能量频率。

这种有意识地调整或改变方向去适应另一个人的做法，也会发生在其他行星的能量互动上面。举个例子，如果你发现你的情感表达方式（金星）令你想取悦的那个人感到失望，那么你还是可以修正自己的金星能量，以符合对方真正喜欢的方式。换句话说，为了改变我们的表达层次，我们必须抑制自己的表现方式，若想做到这一点，势必得付出额外的能量来适应陌生的经验次元。虽然我们可以借由努力和专注力来达成这一点，但长久下来这种不自然的表达方式仍然会消耗过多的能量。在进行星盘比对研究时，这一点尤其要纳入考虑，我们将会在下一章继续探索这个议题。

在探讨其他行星之前，我们必须先厘清一个观点，那就是当我们论断元素的重要性或参照两张星盘是否相配时，必须先深入考虑不同行星坐落的元素的意义，以及能量的强弱。通常修正水星、金星、火星或木星的表现方式，往往比修正太阳、月亮或上升点的能量要容易得多。这是由于太阳、月亮和上升点代表的是一个人最重要的能量，而且是很难以稳当的方式调整的；你只能压抑它或阻隔它。原因是太阳、月亮和上升点乃是不断在掌控你的注意力的能量，而水星、金星、火星或木星则是在特定情况下暂时用到的能量。

金　星

如同水星一样，金星也代表一种向内及向外流动的能量，它坐落的元素则代表我们在爱、情感、感官享受以及关怀别人等层面上的施与受。金星的元素代表我们将如何表达对别人的关怀与欣赏，或是如何展现我们的感受。这是金星向外展现的行动准则，但向内的表现也十分重要。根据其所坐落的星座元素，我们可以得知什么样的经验及表达形式，可以满足我们对另一个人的亲密需求，或者可以帮助我们体认爱与赞赏。如果一个人的金星是落在水象星座，那么此人就会不断地渴望得到情绪上的滋养与关怀，而且不断地需要对方响应自己的细腻感受。这种分享的方式不怎么需要语言（金星落在风象星座才需要借语言来表达情感），也不怎么需要大动作（这是金星落在火象星座的特质），更不需要明确的承诺（金星落在土象星座的特质）。金星落在水象星座只需要和对方在爱的感受及敏感性上进行交流就够了，而这是坐落于其他元素的人容易忽略的部分。

火　星

火星坐落的元素代表刺激一个人生理能量的经验类型及活动模式，也代表一个人会拿来确立自己的能量模式。举个例子，火星落风象星座的人往往试图借由想法的表达来确立自己，火星落火元素会借由直接行动来确立自己，火星落水象星座则会以比较细腻的方式运作，在某种情况下甚至会以情绪能量暗自操控别人，或者去追求连自己都无法充分意识到的欲望。火星落土象星座则代表想借由具体成就来表达自己的意志和决断力，而这是必须付出相当大的毅力及耐性的。

另外还有一种方式可以描述火星的能量交换。一个人的火星坐落的元素乃是满足肉体兴奋感的能量，也是让人证实自己力量的表达模式，它同时显示出你在获得自己想要的东西时的特定方式：火星落在风元素比较善于说服别人，火星落在火元素善于运用权力及主导权，火星落在土元素比较有耐性及效率，火星落在水元素则善于运用权谋、直觉以及无法压制的毅力。譬如我有一个弟弟，他将所有的精力都倾注于培育植物的种苗，其中有些种苗需要栽培多年才能成长到可以贩卖的程度。由于他的火星是落在金牛座，所以才有足够的耐性及滋养的特质来完成这类工作，

太阳、月亮及上升点

太阳坐落的星座元素已经在前面的章节里详细描述过，因此我不准备再赘述了。我们可以说太阳坐落的星座元素，乃是一种能满足我们基本目的感及幸福感的能量。上升点坐落的元素与太阳的性质有点类似，不过它代表的是更明确的面对生命的方式，但仍不及太阳元素的影响那么广泛。上升点的元素显示出一个人在世上所有行动的表现模式，一种面对当下外境的自发行为模式。它透露出一个人将以何种方式面对外在世界，并借以摆脱其他的考虑，以获得内在的自由。但星盘里的其他要素，往往会阻碍这种纯属个人性的面对方式（尤其是与上升点成紧密相位的其他行星）。我们可以说上升点的元素代表一种自我投射的方式，这种方式能够强化身体的能量，为一个人的信心、自由感及独特性带来强大的影响。

月亮坐落的星座元素代表的则是自动显现的老旧习性。这种存在与感受的模式必须加以留意，才能获得内在的安全和舒适感。

与月亮相关的元素及经验往往会带来一种适切感，因为这种自我表现的模式可以满足内心深层的需求，为整个人格带来稳定度。月亮的元素也代表我们产生直觉反应的方式，以及会以何种能量来适应生命潮流。

举个例子，如果月亮落在风象星座，那么此人就必须向人表达自己的想法，以便获得内在的适切感与祥和感，以及因满足了潜意识的需求而产生的宁静感。此人也可能借由对经验保持抽离态度，来衡量分析眼前的事物。换句话说，月亮落在风象星座所产生的反应，通常是先思考再行动，这种质量是月亮落在火象或水象的人所缺乏的，月亮落土象星座也有这种倾向。

月亮落水象星座则会有强烈的情绪反应，经常显现出恐惧或脆弱易感的倾向，或者在面对任何一种情境时都会立即产生深刻的感受。这类人不可避免地必须革除旧有的情绪制约反应，才能适应内在与外在的改变。

月亮落火象星座通常会对眼前的情况抱持热切态度，并且会采取直接的行动。他们往往在不清楚的情况下立即行动，但绝不缺乏决断力。没有耐性经常会是一个问题，尤其是月亮落在牡羊座和人马座。

月亮落土象星座代表会以稳健、踏实及理所当然的态度产生反应。月亮落在金牛座和魔羯座，通常会自我克制到看不出有任何反应！但月亮落处女座的反应却十分明显，甚至带着紧张的成分。

在这里我必须提到一点，那就是月亮落处女座或魔羯座是很难觉得自己没问题的；他们通常得通过工作及实际的成就来接纳自己，而且得仰赖在工作上扮演的角色来适应人生。月亮落在“工作”星座的人只有在工作的领域里才感觉适切。

木星与土星

木星坐落的元素代表能助长信心的经验和行为模式。换句话说，当一个人在木星坐落的元素所显示的次元运作时，往往有一种与更宏大的力量融合的安全感，反之，土星坐落的元素则代表会让一个人觉得能量受阻的表现层次。这种内在的制约之所以会生起，乃是因为那个经验次元对一个人而言过于重要了些。此人会因而将自己固着于那个生命范畴里，同时会过度努力地展现自己的能量，或者会逃避、压抑这股能量。这种过度强调的倾向往往会导致恐惧和焦虑，直到此人学会了放松与放下，并且学会了木星象征的信赖与信心为止。因此土星与木星通常被视为一对互补行星：土星代表努力，木星代表恩赐。缺少恩赐的努力只会让一个人的喜悦或安宁感消失，而无法接受努力带来的利益。反之，缺少努力的恩赐也不是度过人生的建设性方式。即使拥有了信心和乐观的态度，若是缺少了努力，仍然无法达成任何事情。光是仰赖恩赐，往往会逃避眼前的责任和义务。

一个人本命盘里的土星元素，代表与这个元素相关的经验次元里的问题，必须被无惧地接纳。土星象征的恐惧通常源自某种老旧的生命模式，虽然过去世里此人可能因谨慎自律而得到过利益，目前这种谨慎自律的态度或许仍然有利于成长，但此人必须在土星的相关领域里付出更多努力来具体地展现自己。似乎只有靠努力才能让这股能量自然地流动。不过，僵固地强迫它流动，也会造成能量完全阻塞。

土星落水象星座则会显示出情绪展现上的恐惧，某些学者曾经说过，这样的土星位置会让一个人冷漠无感，然而实际情况刚好相反，那些土星落水象星座的人往往是极度敏感的，他们只是太僵固地保卫自己不受外界威胁罢了。基于这个理由，他们自然会倾向于过度谨慎小心地表达自己的感觉，因为开放心胸可能会让他们受伤。土星落水象星座代表情绪上的过度压抑倾向，但并不意味着这类人没有任何感觉！本命盘有土星落在这些水象星座的人，必须以自我接纳和专注的方式来表达自己的感受。只要此人仍执著于旧有的压抑模式，很可能继续产生激烈的反弹，如同一个神经紧张的人,只要一有风吹草动便暴跳如雷。若是能学会放下、放松及接纳自己，她或他就可以有意识地运用那些被恐惧及负面态度阻塞的能量。

土星坐落的元素通常代表一个人在工作上的表现。土星落在水象星座往往被能够展现情绪及敏感性的工作吸引，譬如治疗艺术或协助受苦之人。借由工作他们可以建立无法动摇的情感力量，而这会助长性格上的优点。土星落在风象星座则显现出一种增强理解力的需求，这类人会展现出对他人的敏锐觉知以及对工作的认知。土星落火象星座会显现出强化自我身份认同的需求，这类人会发现他们的使命乃是要在自我表现上创造新的形式，包括艺术或商业行为。土星落土象星座则需要强化自己的工作效率。对这类人而言，在日常工作里展现可靠性与精准度是很重要的事。

如果说本命盘的土星代表的是一种制约能量（尤其在年轻时期），那么木星象征的就是流畅无阻的生命力。让我们以木星及土星落在狮子座为例，来说明这两个行星作用力的差异。木星落狮子座会显现出戏剧化、热切、夸大的自我表现模式，如此才能让这类人产生信心。土星落狮子座也代表此人在潜意识里很想以这种方式表现自己，但这份欲望往往显得过于自我中心、过于涉及此人的自我认同，故而制造出一种害怕失败或受伤的恐惧。这类人会因为恐惧而倾向于制约自己，或是在这个生命范畴里过度自制，这种过度努力的倾向会让原本受挫的感觉落入恶性循环。如果此人能接纳自己急于表现这股能量的事实，那么不论需要付出多少努力，都可以让这股能量开始展露出来。但若是把这种想要表现的需求视为个人的“内在问题”，就不可能跨出这一步了。土星的元素代表我们必须在相关领域发展出对更宏大力量的信赖感。木星与土星落在任何一个元素，都代表想要以特定模式展现自己的急切需求，不过两者释放的能量质量是截然不同的。木星坐落的元素可以让能量自发地流动，甚至有点过度（如果没有被土星阻碍的话），土星坐落的元素则需要透过刻意的努力与自制力而展现出来。

其他的考虑

在诠释行星坐落的各种元素时，我们必须深入地了解行星代表的特定运作法则，如此才能把这些洞见运用到极致。经由多年的研究，观察过成千上万的星盘之后，古老的占星学概念就会显示出鲜活的意义。譬如行星的显达、强势、弱势、失势等概念，与其将它们视为古老占星系统的过时遗风，不如看成是具有高度实用性的定义。虽然这样的行星分类法主要是奠基于行星的本质与元素的特质之间的和谐性，虽然任何一个行星落在特定元素上面，的确会显示出人格表现上的某种特质，但我们还是必须考虑行星落入的星座位置，以便了解这类概念的完整意涵。譬如一个行星落入的星座与其本质不相称，那个星座似乎就会干扰此行星在表现上的纯粹度。举例来说，如果一个人的水星是落在人马座，那么他的信念和愿景（人马座）就会干扰到他的逻辑思考（水星），但这并不意味着此人缺乏智力或清晰的认知，而是他的想法不会只局限于对事实的分析。如果你问他为什么会说出某句话来，他一定会说明那句话背后的信念、理想或期望，而不只是向听者说明支持这个想法的特定事实。我们可以把水星落在人马座视为一种失势的位置，但不代表此人的这个部分是不好或不利的，它只在表现水星的真实作用力上面有些困难，至于这份困难会到什么程度，则要取决于这个人的觉察力以及行星的相位。

另外还有一个例子可以让读者了解这些古老的占星准则该如何建设性地运用。譬如一个人的金星是落在天蝎座（另一个失势的位置），那么天蝎座的强烈欲望、永不知足的情感需求和要求，就会干扰与另一个人交流爱的感受时的自由度，以及表达情感的方式。但这并不意味此人无法表达情感与爱，而是此人会在内心体验到某种程度的情绪扰动，因为他会发现爱的感受不断地被性欲、情感需求以及激情所染着。此人将会如何处置这种情况，星盘是显示不出来的，因为同样的能量会以各种形式示现出来（请参照第九章行星的正负向展现法则）。换言之，行星落在某个星座会揭露某种冲动与需求，但星盘无法显示此人能觉知这种内在的动力活动到什么程度。行星的相位则代表能否自在地表达及满足特定的冲动或需求，其中的紧张相位通常代表某个元素在表现上有阻碍，或是能量被强化。

第十五章　星盘比对中的元素

星盘比对或一般所谓的“星盘配对”，必须靠其中的元素来深入地加以了解。在研究个人本命盘或比对两张星盘时，我们必须考虑行星坐落的位置的和谐性，方式是参照其中的元素以及分析两人的行星相位。如同先前所提到的，行星之间的紧密相位比元素本身更能显示两人能量交流的强度，不过依照元素来彻底分析两人行星之间的和谐度，将会让占星师发现许多重要的洞见，或是发现紧密相位本身无法充分阐明的细微差异。

在一般的经验层次上，任何一份关系都可以看成是两个能量场之间的交互作用，虽然可以有许多细腻的区分方式，但星盘比对主要还是在分析两人之间的能量是如何交流的；这并不意味着明显的能量交流背后就没有更深的意义了，譬如说过去世的业力模式。大部分的占星师都认为，能量上的相称性是他们必须研究的星盘比对主题。分析两张星盘的元素是否和谐，往往能揭露两个人的能量场会如何以及在何处滋养彼此，同时也能看出两人的能量如何为彼此带来挫折和障碍。若是有障碍存在，双方就会经验到能量的耗损、极大的挫败感或两者兼具。如果呈现的是和谐的交流，他们就会感到满足、能量增长以及有完整感。很显然大部分的关系都会出现这两种形式的能量交流，但主要还是得观察整体星盘被强化的部分。譬如两人之间的互动若是和谐，就能提供一些资源来对治其他比较困难的关系领域，但呈现的如果是紧张或不和谐的能量交流，那么他们迟早会想要结束这份关系，因为实在太耗费精力了。

我曾提过人们是如何“喂养”彼此的能量场的，为了厘清这一点，让我引用《天生治疗者》这本书里的一段话来加以说明。书里的A先生强调过太阳落入的星座是一份关系里最重要的主题：“一份关系往往会出现相称、中性与负向的能量形态。相称或相配的能量会增长彼此的吸引力。”

A先生认为相称的能量通常是相同的元素与不同的星座。负向能量则是不相称的元素，譬如水与火，它们“组成的活动会导致不同层次的磁场能量的罄竭，进而削弱肺部吸入大气的能力”。太阳坐落于同样的星座，则被A先生视为中性能量，因为两者没有其他的相称能量为其补给燃料。他们通常不会提供燃料给彼此，甚至会融合成同一种元素的活动。因此太阳落在相同的星座、但没有其他相称能量的人，可能会感觉彼此的神经系统逐渐衰弱下来。但这并不意味着他们会产生冲突，而是双方都不能自在地提供对方虽有微差却可注入活力的能量。其他譬如风与火或水与土之类的和谐元素的组合，则比不同星座但元素相同的组合，在相称性上要弱一些，但却比A先生所说的负向能量要相称些。

A先生也提到我们的神经系统会被周围的磁场和接触到的人所影响："如果一个人的能量够强，那么别人的能量对我们的神经系统就不会有太大影响，但如果我们的能量很弱或是耗损得太厉害，影响就会产生。"同时他又提到，能够滋长孩子磁场的父母亲，孩子自然会被其吸引。如果父母双方的能量与孩子的能量不协调，孩子则可能变得神经质或过度敏感，而且父母也无法了解他的本质。这种现象在我的个案身上经常见到。譬如有个女孩父母的太阳星座分别是巨蟹座与金牛座，她本身的太阳星座是狮子座，月亮是牡羊座。在她的青少年时期，父母一直视其为问题少年，就一个有这么多火象能量的人而言，她似乎显得过于紧张和缺乏安全感。中学毕业后她离家独居了两年，因而产生了巨大的变化，不用说她大学一毕业便彻底脱离了原生家庭。一旦独立自主不再受父母能量场的影响，她很快便发展出内在的自信与宁静，就像一般火象人的展现那样。换句话说，她本身并没有问题，问题出在她和父母的关系，如果心理治疗师缺乏占星学的帮助，如何能厘清这个难题呢？

虽然太阳的元素是一个人最重要的燃料，但月亮和上升星座还是不可避免地为一个人带来了强大的能量。如同我们曾详细解释过的，在对照两张星盘时，其他的个人行星以及太阳和上升点的主宰行星，也都得纳入考虑。每个人在某种程度上都会受所有行星元素的影响，但上面提到的这些主要的元素，才是一张星盘里最具动力及影响力的要素。尤其是双方的太阳、月亮如果能够为彼此带来能量，那么两个人就会相处得十分和谐顺畅。当然有许多婚姻并不符合这样的原则，譬如男方的日月元素与女方的日月元素不和谐，那么婚姻大部分是无法维持长久的，或者虽然维持了下来，一方或双方仍经常感到挫败。我现在并不是说每一份关系都必须有日月元素的和谐性，我要强调的是缺少了相似的元素能量的交流，是不可能产生最和谐的感觉的，因为太阳与太阳之间的和谐性，或是太阳与月亮的和谐性，代表最纯真的展现以及能量上的立即融合。不过重点还是关系的类型、亲密的程度、关联有多深，以及花多少时间相处。疏远的生意关系，当然无法像婚姻伴侣或亲子关系那样，可以深入地测试出人与人之间的相称性。通常太阳与月亮的和谐性最能代表两人之间的认同程度，或是令两个人能立即意识到的融合性。如果对方的能量是和谐的，彼此就会为对方带来活力或产生认同感，也会鼓舞对方表达自己。换句话说，这份融洽感会示现出最高形式的爱，其中的接纳性与流畅的回应，远比金 / 金、金 / 火、金 / 太或金 / 月的和谐相位更令人满足，也更能带来持久的关系。

让我们以某对婚姻伴侣的星盘做范例，来说明这个观点。妻子的太阳落在狮子座、月亮落牡羊座、金星落处女座、火星落金牛座，上升点则落在巨蟹座。丈夫的太阳落在魔羯座、月亮落处女座、火星落双子座、金星落人马座，上升点则是落在巨蟹座。由于这本书主要不是在强调星盘比对，所以我不准备分析所有的相位，不过有几个关键性的要素我必须提出来，才能阐明星盘比对时元素的重要性。这两个人的上升点都落在巨蟹座，他们一同花了十二年的时间抚养两个小孩，非常重视家庭生活。这两个人都是由月亮所主导的，但月亮的元素并不和谐，而他们的太阳或月亮与对方的太阳或月亮也不和谐。女方主要的元素是火，男方主要的元素是土。他们活在截然的不同的世界里，能量运作方式也不同，重视的事物亦不相同；其中的一方会当真的事，对另一方而言根本不重要。同时女方的金星或火星与男方的金星或火星也不和谐，她自己承认几年前就不再跟先生有性上面的互动了。

那么究竟是什么因素使这两个人凑在一块儿的呢？是什么因素让他们觉得彼此是相配的，而且真的能为对方带来快乐？原因是女方的金星落在处女座，与男方的月亮呈紧密合相，而且和他的太阳成 120 度角。她的火星也跟他的太阳及月亮成 120 度角。基于这些理由，两人在初次见面时，男方的日、月能量让女方产生了爱、浪漫感及性欲。他的土性与她的土性十分相称，而且她的火星落在金牛座，所以土象男人的外表特别吸引她，但是他的土性与她的火象特质并不相称！不过他的金星落在人马座，正好和她的日月成 120 度角，此外他的火星也跟她的日月成 60 度角。

因此她的日月能量活化了他的情感和性能量，而她的火元素与他的金星落在火象星座也十分相配，同时和他的火星落在风象星座相融。不过男方毕竟还是土象人，虽然他能够从对方的火元素中得到刺激，但并不能与她的存在方式相应。观察了许多婚姻伴侣或爱侣之后，我发现这是最常见的导致两人关系逐渐消解的原因：虽然两人在许多方面都很喜欢彼此，而且在情感与性爱上面也被对方激励，但还是逐渐发现无法在这份关系里充分做自己，不论他们多么努力，就是无法分享内心最深的东西。

情况之所以会演变成这样，原因是其中的一方如果无法与某个特定元素紧密联结，就不可能参与那个次元的存在和意识特质，于是这两人便随着成长及进化渐行渐远，最后分道扬镳。他们越是能觉知自己最核心的个人特质，就越能承认彼此永远无法分享内心最深的东西。至于两人的不满足感会到达什么程度，则显然取决于他们对这份关系的期待，或者有多么依赖这份关系来满足自我，以及想要维持住这份关系的渴望有多强烈。譬如非常缺少个人性的魔羯座，或许会对一份单纯的婚姻感到很满足（因为其基本结构就是追求安全感与舒适），但是对一个天平座的伴侣而言这却是十分挫败的事。

以我来看西方世界离婚率的增加，原因之一就是人们越来越意识到自己的个人性，也越来越坚持要将其展现出来。这种潮流主要是受天王星推进天平座的影响。生活速度的改变、传统价值的瓦解、美国家庭的失根，都强化了这个模式。不过这个社会潮流也有正向的一面：越来越多的人开始重视关系的满足与觉醒。当人们摆脱传统或受制的生活方式而愈发强调个人自由时，自然会显得有些极端，然而这份自由度一旦被接纳，并且与灵性价值整合在一起（当宝瓶世纪充分示现时会变得更明显），我的感觉是这种关系结构上的混乱，就会逐渐安歇下来。事实上，当冥王星推进天平座时，可能会更强化天王星带来的改革倾向。不消多久的时间我们将会发现婚姻结构及亲密关系获得了重生，变得更有觉知。

在比对星盘时我们特别要注意的是，一份关系里的苦乐并不是完全由占星数据所决定的。占星学的正确使用方式乃是要深化我们的理解，帮助我们活出更有觉知的生活，而不是用来逃避责任或助长终极解脱上面的幻觉。最重要的要素仍然是两个人的觉知层次，如果双方都相当有觉察力，或者在灵性上都有很高的理想，而且都试着把这份理想纳入生活里，那么他们就能以建设性的方式面对两人之间的障碍，但是觉察力较低的人却可能因为这些障碍毁掉了一份关系。

如果有人特别被我们缺乏的那种元素所主导，我们往往就会被那个人吸引。许多作者都提到过这一点，因为这种人会跟我们产生互补，彼此都能提供一些对方需要的东西。这样的占星理论听起来似乎很正确，实际上并非如此。根据我的经验，我们很难与这种人长期亲密共处而一直感到满足。这类互补关系比较会在以成长为主的短期互动中带来满足感，但不适合长期婚约或长期的事业合作。某些作者甚至断言互补元素会为一份关系带来最完美的平衡性，譬如一方的土元素与火元素被强化，另一方的水元素与风元素被强化。这听起来似乎也很正确，实际上并非如此，因为两人的差异实在太大了，随着年龄的增长，他们的意识与经验的鸿沟会越来越大。他们通常会发现越来越无法参与对方的世界。

当然大部分的法则都有例外，占星师偶尔也会发现某些元素并不相称的人，还是能拥有良好的关系。但即便是这种情况，两人的星里仍然得形成某些强而有力的相位，才能促使他们改善彼此的关系。比对星盘时虽然元素的和谐性是最重要的因素，但若想彻底检视一份关系的细节，仍然得把相位纳入考虑。某些文章和书籍里提到的星盘比对方法，可以说是把占星学这门极为复杂的技艺过度简化了，仰赖这些半调子方法的占星师，是不可能深入理解关系内涵的。我强调元素的重要性，并不是在排除传统的相位分析,我只是想阐明一份关系在能量层次上面的深意。举例来说，星盘比对时见到的紧密相位一向代表能量的流畅或阻塞，但两人的元素若是和谐，就能以建设性的方式面对紧张相位带来的挑战。

即使和我们产生关系的那个人的主宰元素是我们所缺乏的，仍然可以从对方身上学到很多东西。一旦对自己缺乏的能力和成长需求有了更深的认识，就更能欣赏这类人的特质，并且会佩服他们能够以我们不熟悉的方式来展现自己。这或许需要某种程度的抽离性，但绝不意味着关系缺少了深刻的满足感。

前面我们提到过，如果一个人的太阳与另一个人的月亮落在相同的星座（或相同的元素），那么不论这两个行星是否有紧密相位，两人仍旧会有和谐的关系。同样的，虽然传统占星学认为火星与金星呈和谐相，在性爱关系上面特别能带来和谐性，但这两个行星坐落的元素若是不相称，也无法显示出特别相配的特质。读者若想在星盘比对上获得正确而深入的认识，不妨参照露依斯 H·萨尔金的《如何处置你的人际关系》（美国占星联盟出版）。

由于本书已经探讨过元素组合与相位上的大部分法则，所以不必在此重复了（第十章已经探讨过由某种元素主宰的人，对其他元素所主宰的人的反应）。不过为了感受一下这些能量是如何组合的，读者不妨观想一下元素之间的交流所显示的现象。想想看水与火相遇会怎么样？或者风与水相遇会怎么样？一旦了解了某个元素的核心本质，很容易就能理解它跟其他元素的交流会是什么样子。这样的观想不但有利于深入了解其中的心理动力过程，同时也能帮助我们洞悉不同元素的人如何影响着彼此的健康。

占星咨商时我们经常看到有些男女虽然很喜欢彼此，但相处的时间如果太长，就会持续地感到疲惫。还有的情况是，两个人的能量场非常强烈地互相激励，乃至于根本无法忍受这么强烈的能量，就好像他们的神经系统不断地有过强的电流通过似的。这两种类型的关系都只能借由元素来加以理解，譬如一个太阳落巨蟹座的人如果跟太阳落双子座的人生活在一起，巨蟹座的人很可能会觉得精力枯竭或了无生趣，而双子座则可能透不过气来，或者早上很难起床，甚至会发展出呼吸上的困难。就好像双子座这一方试图活在水底，巨蟹座那一方试图活在半空中似的。这两个人的能量场可能会越来越弱，但是当他们分居两处时，却可能很惊讶地发现自己恢复了活力。

另外再做个假设，试想一个太阳落人马座、月亮落狮子座的人，跟一个太阳落双子座、月亮落宝瓶座的人生活在一起，将会是何种情况。如果这两个人真能忍受这么强烈的能量，或许这份关系还是会变得正向与和谐，不过仍旧要看整张星盘的其他要素才能决定。由于一方的日、月与另一方的日、月呈对立相（对立相会在能量上面带来过度的刺激），因此在对方的磁场的范围内活动，能量往往会变得太强。虽然他们十分吸引彼此，但还是觉得必须分开一点才能维持能量的运作。

如果这两个人睡在不同的房间里，健康以及互动情况都会改善。两个人的元素差异太大的话，做这样的改变是很有利的，虽然这种安排显得不太浪漫。其中的原理是，睡在同一个房间里，尤其是睡在同一张床上，整晚两人的能量场会不断地进行交流；他们的能量若不是因此而加强，就会耗损得很厉害。自己的能量和另一个人的能量进行八小时的融合，通常都会强而有力地影响彼此的健康（可能是好或坏）；如果只是为了浪漫形象而让这种习惯继续下去，似乎是很愚蠢的事。我认识的人有许多都抱怨与伴侣睡在一起会感觉疲惫，分房睡之后则很明显地恢复了能量。但我也认识一些人有相反的情况，他们晚上睡觉时经常感觉能量被对方强化，甚至睡眠时间少于六个小时，也能保持良好的健康状态。

人与人之间的能量交流所造成的影响，一直被医学和心理学领域的人所忽略及低估，事实上在一个能量场特别强的人面前，我们受到的影响绝不是我们所能想象的。即使这个人跟我们不住在同一个房间里，但是住在同一栋屋子里，我们仍然会受其影响。我有一个朋友的太阳落在双鱼座，上升点落在天蝎座。（两者都是非常敏感的水象星座！）有一回他被派去跟一个太阳落在天蝎座的男人共享办公室。任何一个学占星学的人都知道，太阳落天蝎座的人的磁场通常非常强大，而这样的人是很难忽视的。我的朋友后来发现他在此人面前根本无法做任何事，最后他决定在晚上和周末工作，这样他就可以一个人待在办公室里面。这类经验不能以偏执狂、过度敏感或心理学所说的投射来解释就算了，这类经验是根植于两人能量场的真实交流，也奠基于生理和心理活动所属的不同次元。

为了保持真正的健康，我们必须在各个层次上都学会滋养自己，不论是肉体、情绪体、心智体还是灵性层次，都必须得到滋养。我们本质里的任何面向如果没有得到足够的滋养，能量很快就会疲弱下来。一个饥饿的人可能会做出任何事来获取食物，同样地，人的四个层次如果被忽略或得不到滋养，也会开始产生反动。若想活出平衡的生活，就必须留意自己的主要需求是什么；本命盘显示的元素往往能透露一个人是否平衡，或者什么需求被忽略了（缺少某种元素），生命的哪个面向过度被强化（某种元素过多），本质里的哪些面向需要转化或修正（尤其是呈紧张相位的行星落入的元素）。

我并不是在主张满足了所有的需求，就能解决问题，带来良好的健康状态。滋养我们的能量到某种程度是很重要的事，当我们的意识进展到某个阶段时，自然能满足于更细致的滋养方式。透过经验我们将学会感应能量上最主要的需求是什么，而会以简单直接的方式来满足它们，并觉知到它们运用的方式和理由。譬如每个人都需要靠物质来喂养，但大部分人吃的东西都超过了自己的需要，摄取的营养素却不足，而且吃的速度太快、太兴奋，因此食物根本没有彻底消化。留意身体真正需要的营养，也留意食物消化的过程是怎么运作的，往往能让我们以简单、省钱而又纯粹的方式来保持健康。

同样的，每个人都需要经常得到情绪上的滋养，然而情绪的需求到底该如何满足呢？我们的情绪经验越是专注细致，内心就越能得到深切的滋养。任由情绪需求主宰我们的行为，很显然是一种浪费能量的方式，同时会干扰到生命结构，最后一定会经验到情感上的饥渴。现代文明就是以此种方式建构的，这势必会导致人类最核心的需求无法获得满足，而这种不断消耗能量的状态，无疑就是歇斯底里行为的主要成因。如果一个人完全活在都市文明的生活方式里，包括工作及饮食习惯在内，一定会发现自己根本无法在肉体、心智、情绪及灵性层面维持整合状态。现代生活要求每个人为自己的需求负责，因此四元素及其运作的方式，很可以提供生命核心势力运作法则的教育。

原著编辑注：星盘比对其他要素的详细解释，可以参照作者的另外几本著作：《占星、业力与转化》的第七章，《关系与生命循环》的前两章，以及作者即将问世的另一本书，《爱、性与配对的宇宙要素》，最后这本书会详细分析星盘比对中的元素运作，以及在理解关系时所涉及的其他要素。

第十六章　元素以及宫位：关键词系统

进行到这一章，我假定读者在某种程度上已经熟悉了占星初阶教科书对宫位的定义。初学者也许无法立即领略我所谓的关键词的完整意涵，因为他们还没有足够的经验可以体认这种解释方式的必要性。虽然如此，我还是鼓励初学者把这个关键词系统牢记于心，以便在学习过程中以及初次做星盘分析时，能够更深入地理解传统的概念。

由于这本书主要着重于本命盘四元素所展现的能量，所以在此我必须说明四元素与宫位的关系纯粹是一种象征性解释。宫位代表的是星座与行星能量运作的经验领域，因此宫位不该被视为四元素的示现。一张星盘里主要的能量永远是由星座与行星来决定的，但由于十二星座与十二宫位一向代表的是不同且彼此平行的发展原则，所以我依照传统的方式将牡羊座与第一宫相连，金牛座与第二宫相连，以此类推。虽然如此，星座与宫位还是应该被视为占星符号里各自独立的要素。

过去几年我教了不同层次的占星课程，过程中我发现难以理解宫位本质的学生占了多数。大部分的学生很快就能了解星座与行星的意义，但是一谈到宫位方面的议题，就会有许多人提出充满困惑的问题。即使是那些在初阶课程上轻易过关的学生，六个月后也经常写信问我能不能推荐有关宫位的好书，因为他们试图了解这个重要的占星符号时面临了许多障碍。

对我而言，理解宫位最主要的困难，就出在大部分的占星教科书完全不试图解析每个宫位的基本法则，以及它们的核心意义，而只是不断地扯到跟宫位相关的其他旁支议题。大部分的教科书强调的都是宫位的传统定义，因而忽略了更细微更丰富的内涵。它们之所以会如此地呈现出来，乃是因为多数的占星家关切的仍然是一个人的外在环境和情境，而非内在经验（丹恩·鲁依尔最近出版的《占星学上的宫位》是罕见的例外著作）。大部分的作者没有提到的一点是，宫位与整体星盘所显示的个人内在经验，远比外在情境要明显得多。这就是许多占星预测会失效的原因，因为这些预测多半假定星盘可以揭露“将要发生的事”。真相是，星盘透露的只是“一个人将会在内心经验到的事”。鲁依尔与其他的人本占星学家充分阐明了这两种途径的区别。

用我们拙劣及有限的语言来诠释占星学的宇宙象征符号，是很困难的一项任务。如果我们以僵化的方式为宫位下定义，这项任务就更不可能达成了；如果我们这么去做，就是以牵强附会的方式去诠释一个人的特定情况。这样的运用占星学的方式，只会让那些以妄自尊大的态度否定占星从业员的人，增添了更合理的说词。我现在要举出一个土星落五宫的人作为例子。这个土星坐落的位置确实可以透露种种的态度和经验，但我们该如何对一个星盘里有这个位置的人说明他的情况呢？如果你对他说“你会有小孩方面的困难”，能够对他产生帮助吗？我甚至可以再加上一句：“谁没有小孩方面的困难呢？”这样的诠释是毫无意义的。或者你对此人说他将无法如愿地展现创造力，这会为他带来帮助吗？这样的诠释方式也是没有意义的，甚至是不实在的，因为我们这个时代的许多伟大的艺术家和作家都有土星落五宫的情况。还有许多例子也足以说明如果不穿透到本命盘最核心的意义，占星学将会彻底带来误导。反之，如果我们能掌握土星落五宫的核心法则，就会明白五宫乃是一个人“追求个人身份认同的安全感所在地”，这样我们就能了解此人经验到的事物的核心，包括与孩子、爱人、创造性的工作、赌博或其他事物的互动。这个关键法则一旦得到认同，很容易就能理解与描述其所展现的特定方式。

我之所以会在这一章里建立关键词系统，就是为了阐明宫位的心理意涵，其他的作者也以不同的方式运用过这些词。过去三年里我一直在使用这个系统，到目前为止都觉得这是一个极为有用的方式，因为它不但能诠释本命盘以及生命的周期循环，还可以让我们深入了解整个占星学的结构。虽然某些关键词乍看之下有点令人困惑，但我确信只要有耐性深入于这个系统，坚持继续使用它，一定会得到回报的。

宫位的分类

大家最熟悉的定义宫位的方式，就是把它们分成角宫（译注：四交点右侧的宫位，包括一、四、七、十宫）、续宫（译注：二、五、八、十一宫）以及终止宫（译注：三、六、九、十二宫）。角宫与自我激励的特质有关，它们对一个人的生命结构有立即的影响，其关键词是**行动**。续宫与个人欲望以及想要控制及掌理的事物有关。这份想要掌控的冲动乃是被我们的安全需求所驱动的，而**安全感**就是这类宫位的关键词。终止宫则跟思考与观察的交流、输入及分配有关，因此这类宫位的关键词就是**学习**。行星进入角宫、续宫与终止宫，再回到角宫的整个过程，象征的便是生命经验的流程：我们行动，我们透过自己的行动巩固其结果，为的是得到安全保障。然后我们再从自己的行动中学到一些东西，并意识到后续应该做些什么。接着我们又再度采取行动。每个人都得参与这场生命循环，而星盘揭露的就是此生的生命循环所处的阶段。

同时宫位也根据相关的星座元素而分成四组，譬如与水元素相关的三个宫位（四、八、十二宫），组合成了所谓的“精神性的三位一体”或“灵魂的三位一体”。为了化繁为简，我通常称这些宫位为“水象宫位”。这几个宫位都跟“过往”有关。从其中所产生的制约反应，现在已经变成一种借由情绪来运作的直觉反应。落在这些宫位的行星代表在潜意识层面发生的事，或是借着消化过往的经验来获得觉知，同时释放掉无用的记忆以及使我们退缩的恐惧。这些水象宫位与获得情绪的宁静有关，其方式是放下对过往的执著。在最深的层次上，这些宫位象征的是灵魂最深的渴望，因为它们透露了灵魂解放过往情绪残渣的历程，然后灵魂才能清晰活跃地展现自己。因此水象宫位的关键词就是“情绪与精神性”。

土象宫位（二、六、十宫）经常被称为“财富的三位一体”，代表的是我们在现实世界满足基本需求的经验领域，包括财物、金钱、工作、健康、声望等等。因此这些宫位基本的关键词就是“物质”，因为土象宫位主要跟物质世界的考虑有关。

火象宫位（一、五、九宫）经常被称为“生命的三位一体”，与面对生命的态度有关，也跟存在的经验有关。它们代表的是倾吐到外在世界的能量，以及激发我们如此去做的动机，因此火象宫位的关键词就是“身份认同”；因为我们的身份或存在感决定了我们面对生命的态度。换句话说，如果我们对自己有好的观感，就会觉得活着是一件愉悦的事，然后就能发展出一种信心，认为此生的经验将会是正向的。

风象宫位（三、七、十一宫）经常被称为“关系的三位一体”，它们不但涉及社会人脉及各种类型的关系，而且与各种观念的交流有关。社交生活与人的心智交流是密不可分的，我们抱持的观念会促使我们寻找有同样想法的人做朋友，而双方分享的大部分是彼此的观念，因此风象宫位的关键词就是“社交与心智活动”。

接下来要呈现的是这些关键词的简明公式：

表现模式	经验层面
角宫：行动	水元素：精神与情绪
续宫：追求安全保障	土元素：物质
终止宫：学习、反省	火元素：自我身份认同
	风元素：社交与心智活动

水象宫位

如同上面所显示的，所有的水象宫位都有某些共通点，因为它们都代表情绪与精神上的经验，由关键词所形成的对这些经验的分析，可以让我们了解这三个宫位的交互关系。

四　宫

四宫乃是情绪和精神层面的活动领域。凡是属于这个经验层次的活动，都会被超乎我们掌控之外的因素所约束。传统占星学认为四宫是跟家或家庭有关的宫位，因此当我们与家庭成员共处时，往往会在四宫的生命领域里，以奠基于习性和情绪的模式来采取行动。

四宫同时也代表我们对隐密性的需求，一个让我们感觉舒适的环境，可以使我们把注意力转向内在，在没有压力的情况下放松、充电、反观自己。那些太阳落四宫的人通常会花很多年的时间，试图从早期生命经验的制约里解脱出来。换句话说，那些四宫被强化的人很渴望探索情感最深的层次，以便消化童年及青少年期残留下来的经验。他们渴望得到内在的祥和，而这经常涉及到与父母保持距离，如此才能从父母的干扰中抽离出来。

八　宫

八宫这个属于续宫的水象宫位，代表的是追求情绪与精神层面的安全感。那些八宫被强化的人势必会投入能带来稳定度的活动。他们的性驱力不但是由本能所驱动，同时也源自于想要跟另一个人融合，来建立情绪上的安全感。这类人多半会借由权力以及对他人的影响来建立安全感，譬如追求财富、参与大企业团体，或者从玄学法则及洞察他人的心理活动来获得权威感。其他的八宫议题，譬如保险以及共同资产，显然也跟情绪的安全感有关。八宫同时被称为“死亡之宫”，这说明了八宫被强化的人为什么经常会思索死亡、死后的世界、通灵现象以及和遗产有关的事物。这些人之所以会关切这一类的事物，乃是由于他们渴望安全感，并且想确保他们的灵魂能“得救”，但也许他们并不能觉察这一点。

虽然八宫被强化的人可能会追求物质方面的价值、权力、性或玄奥之事，但是其情绪和灵魂的安全感，只有在内心的冲突止息时才能出现。换言之，只有当这些人真正意识到内心的渴望的本质时,情绪的扰动才能转化成宁静与祥和。与此宫相关的玄学研究，主要就是为了借由这些深刻的生命律法，来获得内在的祥和。八宫的性议题,也是想借由与更大的力量结合来获得重生。简而言之，此宫象征着对情绪的祥和状态的渴望，但只有摆脱掉欲望和任性的追求之后，这样的境界才会出现。

十二宫

十二宫这个属于终止宫的水象宫位，乃是情绪与精神层面的学习领域。其学习方式是增长觉知，而且是随着孤独、深层的痛苦、无私的服务、对高层理想的奉献而达成的。十二宫同时代表完全超乎我们掌控之外的影响和经验，但是可以借由自我认识和心灵价值的追求来获得转化。它透露了一种进化的阶段，处在这个阶段里，我们必须消化过去多生多世的经验和责任所造成的结果。这个宫位在最深的层次上代表臣服于一体法则、对超验理想的奉献、解脱过往思想与行为的阴影，来获得灵魂的宁静。

土象宫位

十　宫

十宫这个属于角宫的土象宫位，涉及的是物质次元的作为；传统占星学认为这个宫位象征我们的声望、在世上的地位以及职业。一个人在物质界的作为就是他声望的基础，社会大众也都是根据一个人的作为来将其归类的，譬如销售员、医师或面包师傅等等。这里的关键词也能说明十宫所代表的世俗野心。

二　宫

二宫这个土象宫位的关键词就是物质层面的安全保障。这已经说明了二宫为何一向跟金钱收入、财物以及对人或事的掌控欲有关。但这里的关键词也代表在这些倾向底端更广泛的原则，因为有些二宫被强化的人并不是那么重视金钱，他们也可能撷取各种资源，当成在物质世界的安全保障。因此，他们会去搜集钱币、收购土地、把钱存在银行和房地产上面，来巩固自己的安全感。此外我也发现那些太阳落二宫的人对时间很吝惜（尤其是太阳落在固定星座的人），因为他们觉得自己的每份努力都应该用在生产或赚取收入上面。

六　宫

六宫一向跟工作、健康、责任义务相关。如果能认清六宫本是借由物质事物的现前经验来学习的宫位，就比较容易理解这些活动背后的动机。我们对肉身的需求与局限的了解，主要是透过健康问题（源自于坏习惯、工作或责任造成的压力、过度的自我苛求或负面思考——全都是六宫的议题）而达成的。同时我们也得借由日常工作及义务的履行，来获得对自己的真实洞见，这个经验领域能够帮助我们学会谦卑、接纳自己的局限，并且为自己的生理及心理健康负责。一旦了解六宫代表的是借由物质层面的经验来净化自己，我们就能以真实正向的方式来诠释这个宫位。

火象宫位

一　宫

属于角宫的一宫代表的是一个人在行动中的身份认同，以及这些活动所处的生命阶段。一宫被强化的人经常忙于行动，因为他们不参与外在世界的活动，自我感就会逐渐消褪。传统占星学认为一宫是跟外貌和精力有关的宫位，如果运用关键词来解析的话，你会发现身体就是人在行动中的身份感所在。一般人往往会借由我们的身体活动与表达方式来认识我们，并因而受到我们的影响；

如果坐落于一宫的行星及上升点受到压制或阻碍，这个人就会感觉能量不足。

五 宫

属于续宫的五宫代表的是追寻身份认同上的安全感。五宫被强化的人会借由自己所投射的人或事，来追寻一份安全的自我感。这些人很想成为重要人物，而不像一宫那样仅仅强调自己的存在。此宫被强化的人带有一种对生命的自我中心态度，但也可能更深地揭露一个人的情感倾向，以及对整个人生的精神性感受。此外,追求自我的重要性以及想获得安全的自我身份感，也可能反映在与五宫相关的各种事物上面，譬如可能透过孩子来追求安全保障。这类人不但会让小孩冠上自己的名字，也可能把自己的名望或成就欲强加在孩子身上。一个有强烈创造欲（五宫的倾向）的人，往往会发现必须生产出一些东西，才能对自己有美好的感觉。

五宫的另一个议题是热衷于恋爱，虽然恋爱这件事是非常不实际的，而且会带来极大的分裂。恋爱能带给我们一种短暂的自我价值感，因为另一个人觉得我们值得被爱。处在热恋的状态里，我们的身份感会被强化；我们会在对方身上看到自己；由于我们对自己的感觉改善了，于是对世界的看法也变得乐观起来。简而言之，五宫被强化的人必须把自我投向外在世界，也必须以负责和坚持的态度运用他的创造力，以便获得喜悦和安全感。

九　宫

属于终止宫的九宫代表的是身份认同上的学习，也就是要认识自己到底是谁。所有的宗教、哲学态度、真理的追寻以及跟这个宫位有关的一切活动，都是从这个基本法则拓展出来的。所有的宗教与哲学假设背后的动机，都是想要认识自己真正的身份是什么。“我是谁”这个问题，促成了一切宗教上的追寻，所以此宫强化的人会被拓宽自我意识的活动吸引，因为这些活动能帮助他们改善自己，也能帮助他们洞察人性。异国之旅和追求更高的学问，可能是这份追寻的起步阶段，接下来便可能认同宗教、哲学或形而上学，然后可能直接透过一位老师或拥有真理的组织来进行学习。

风象宫位

人际关系都是由这个几个宫位代表的，它们不但涉及各种关系的互动，也是社交与心智交流的需求促成特定行为模式的领域。

七　宫

属于角宫的七宫象征的是社交与心智层面的活动。由于一对一的关系就是七宫的基本定义，而社会的结构与活动全都扎根于这份关系的质量，因此我们可以说此宫是专注在这个生命范畴上面的。更确切的说法是，所有进步的社会都是由婚姻的结合建构出来的，因此这份关系的稳定度与有效性，很大程度上决定了社会的秩序。在个人层次上面，一个人主要的伙伴关系的质量，可以说影响了此人其他的生命领域：健康、财务状态、子女、性、事业成就等等（社会学的调查显示，当一个人的婚姻破裂时，事业也往往遭到困难）。

七宫被强化的人在心智层面呈现出来的特质是：借由自己的看法来赢得众人的赞许。这类人经常以智力或客观性作为基础，逐渐发展成咨商顾问或提供忠告的人。

十一宫

属于续宫的第十一宫这个风象宫位，代表的是社会与心智层面的安全感，十一宫被强化的人会跟那些抱持相同理念的人结合在一起。他们之所以会这么做，乃是因为在社交与心智上有一种不安全感，因此当他们发现别人能理解和接纳他们的时候，就会得到极大的安慰。这类人通常会加入某些团体，或是与和自己理念相同的人结成联盟，虽然他们并不是在所有议题上都赞同别人。这类人对心智安全感的追求也会形成各种思想体系，包括政治、形而上学或科学方面的理念。这些人有团体活动方面的组织力，也能促进社会改革，而且有能力统领大众。

这类人之所以会在思想上显得十分顽强，就是因为他们有一种心智层面的不安全感，因此一旦找到能够带来满足的理念，就极难再改变了（太阳落宝瓶座的前美国总统罗斯福发明了“社会生活保障制度”，而十一宫本来就是宝瓶座的宫位）。一个十一宫被强化的人最有效的追求安全感的方式，就是建立个人性的人生志向，这份志向不但应该满足个人需求，还应该跟社会的需求达成一致。若想避开此宫带来的顽强倾向和独断特质，就必须把焦点放在这份志向上面，而不是以过度简化的概念来陈述一种绝对真理。如果能做到这一点，就能够运用自己的理念具体地改造社会。

三　宫

属于终止宫的三宫这个风象宫位，乃是在智力与社会层次上学习的生命领域。因此它代表的是各种交换信息的形式，譬如基本的沟通技巧、媒体工作、促销活动、营销手法等等。那些三宫被强化的人有一种不断想要与人沟通的欲望，他们能够和不同特质或行业的人产生轻松友善的关系，他们对人与想法都有无尽的好奇心，这种好奇倾向会让他们随性地结交许多朋友，逐渐演变成宽广而具有伸缩性的心智特质。基本事实及抽象观念对这类人而言都是很重要的，即便这样的信息不带有真正的重要性。如果九宫象征的是借由启示性的直观力来学习，那么三宫就是借由逻辑和理性思考来进行学习。

占星学：一种自我认识的工具

运用关键词系统一段时日之后，你会发现它不但有利于理解一般星盘所显现的生命模式，同时在目前与未来的生命循环及发展趋势上面，也能更正确地看出个中的意义和心理上的意涵。举例来说，某张星盘的行星分布缺少风元素，那么此人为何会对人这么感兴趣，而且持续地投入社交活动呢？答案是他的风象宫位可能被强化了，即使没有风元素，他仍然可能把自己的水、火、土的能量投入到心智及关系的活动里。或者一个人完全没有火元素，那么她为什么会带有火元素的乐观及高昂特质呢？答案是她的火象宫位被强化了，虽然她没有火元素，仍然会把风、水、土的能量倾吐于富创造性及理想性的经验领域里。

上述的例子说明了因缺乏某元素所带来的问题，但由于他们热衷的活动在某种程度上可以弥补元素的不足，因此困难往往会减轻一些。只有怀着耐性细心地检验整张星盘，才能评估某个占星要素能否弥补或平衡另一个要素。但一个人若是缺乏水象星座，又没有行星落在水象宫位的话，那么我们几乎可以确定此人的不平衡性是十分严重的。

在理解推进法、移位法、关键周期循环（译注：Key Cycles 是一种从太阳返照法延伸出来的移位法）以及类似的投射计算法时，占星者如果能运用这个关键词系统，就无须在各种定义中选出特定的一种，譬如木星或土星推进某个宫位时，如果只选择一种解释方式，便可能忽略掉最重要的意义。关键词系统会让占星者对自己的解释或建言产生信心，因为他知道此种解释可以帮助案主了解某个生命阶段的意义，而不是只把焦点放在琐碎或不存在的事件上面。一旦能厘清生命经验某个阶段的根本意义，就能避免做出过多的猜测，也不会被案主的缺乏洞识及自欺倾向误导。简而言之，运用这种关键词系统，在咨商时可以带来更多的自我认识，而这便是占星学的目的所在。

附录一　占星学与两极疗法

每一样事物都在交换能量，这是一种收缩与扩张的规律性振动频率，由此我们可以看出植物、动物或人是不是“活着”。即使是牙齿和骨骼都受到这种能量交流的影响。所有物质实体皆源自于不同频率的能量的组合，而实际在运作的基本能量，便是所谓的四元素、四种体液，或是气、元气、生命力等等。每一种植物、动物和人都是在多次元同时运作的复杂能量场，而每一种生命体都得维持自己的能量振动，以确保成长和发展。人在出生那一刻吸进的第一口大气，便是他跟宇宙能源——生命线——相互交融的开端。只要我们的能量模式基础良好，能畅然无阻地运行，我们和宇宙供应的生命力就能相融，而我们经验到的存在状态就会是幸福与健康的。但由于肉体、心智或情绪都可能遭受冲击，饮食习惯也可能不当，或经常陷入负面情绪和思维模式等等，所以大部分人都活在强大的压力之下而导致身心不调。换言之，我们赖以存活的生命能量遭到了阻碍，变得不平衡，继而逐渐耗散，于是便示现出痛苦、疾病、疲乏或沮丧等现象。

然而，任何一种生命体都不可能毫无压力；没有任何人可以毫无压力地面对物质世界。两极疗法并不是奠基于毫无冲突或全然放松的幻觉之上的。它主张大部分人都有能力更有效地运用能量，以更清楚的觉知和定力来转化经验中的冲突。两极疗法主张心智、情绪和肉体是相互关联的作用力。举个例子，不但情绪和思维会影响身体，连饮食、环境、健康状态也都会深深地影响内在的心境。合格的治疗师在运用两极疗法时，会同时考虑一个人的情绪、思想、饮食习惯、运动、生活方式及心灵倾向；这种治疗是整体性的，而一个人的本命盘的确能提供非常珍贵的信息，让治疗者了解个案的需求、渴望、冲突以及肉体的弱点为何。

针灸术、克林照相机所显示的人体能量场，迫使主流科学界不得不承认它是存在的。当然，人有能量场已经不是什么新鲜事了，数千年来一直有眼通人士能看到人体的“灵光”，而且可以借由灵光来诊断生理、心智、情绪上的问题。不幸的是，我们今日所受的“教育”，反倒令我们忘却了真实的事物。我们的心塞满了无用的信息和僵固的概念，因此必须花许多年才能重建原有的敏感觉知，来洞察一切生命体的精微能量。两极疗法能立即处理生命力的问题，使我们明白它们是怎么运作的，所以是一种惊人的治疗工具。两极疗法的本质简单而优雅，虽然从初学者的角度看来似乎是一种令人畏惧的科学。就像占星学一样，它也是一个既简单又完整的系统，但必须花多年的时间才能理解其素朴的本质。

两极疗法处理的是生命的基本能量，它是一种令地、水、火、风四元素回归平衡的方式，并能去除整个能量场的障碍。它也是少数能立即处理本命盘所透露的能量障碍的方法。让能量回归平衡，就能带来治疗效果。治疗师并不是什么灵疗大师，他只是激活了个案自己的治愈力罢了。两极疗法带来的平衡性，会令一个人进入深层的放松状态，更敏锐地觉知他或她的根本需求或发展潜力。

天眼通艾琳·盖瑞特（Eileen Garrett）在其《觉知力》一书里曾描述过人体的几个能量中枢，这和瑜伽传统的脉轮观念以及史东医师著作里的概念，是完全吻合的。她说："虽然治疗方式有许多种，但能够造成疗效的只有一种。不论你治疗的是一个人的生理或心理问题，都必须针对其生命能量的重整。"史东医师认为这些生命能量就是占星学里的四元素。这些元素与生理及心理的特定作用力相关，因此也跟七个脉轮的能量有关。根据史东医师的观点，这四元素与人体无线组织的"场"以及结构是相连的。它们支撑着人体之中的"气"，而且是所有生命结构的无形建构者；它们彼此必须和谐地运作，身心才可能健康。

四元素

在两极疗法里面，风元素是跟神经系统、心智的感受力、知觉以及表达相关的。火元素则跟循环系统里的暖化及促进活力的作用有关，它会示现成眼睛的感光作用和头脑（牡羊座）活动需要的热能，或是太阳神经丛附近（狮子座）的消化作用力，以及大腿（人马座）的运动肌力。风元素在肺部和肾脏一带显得特别活跃，也是双手（双子座）或智能的表达作用力，同时能促成足踝（宝瓶座）的动能。水元素则是掌管镇静、清凉、治疗以及滋养法则的，它借由内分泌和黏膜组织示现出来（根据传统，巨蟹座掌管的是乳房，天蝎座掌管的是性器官和鼻子，双鱼座掌管的则是淋巴系统），土元素与肉体的粗钝物质、形貌，以及物质的吸收消化和排除相关。传统认为魔羯座主宰的是骨骼、牙齿和皮肤；金牛座与所有的物质形式有关；处女座则跟肠道相连。

史东医师认为了解这些基本能量，“才能了解意识和物质之间的神秘关联”。他指出今日的一般医学训练，着重的都是物理法则和应用方式，而非着眼在原子的层次上面。但是根据占星学的理论，任何一种生物的生命循环，都是依据某种基本模式带来的特定生命力在运作的。史东医师对现代医学的批评也适用于医药占星学，因为这个领域的执业者同样倾向于区分身体的各个部位、器官或疾病的名称，而这是不会带来良好效果的。因此医药占星学和治疗艺术都该聚焦于四元素的运作，以及它们被干扰的程度。

举个例子，知道天平座掌管肾脏，并不能让我们防止肾脏疾病，但明白天平座与肾脏是跟风元素相关的，而且这股能量可以被转化、刺激及引导，则能带来治疗上面的崭新视野。这样的治疗方式可以提供给我们一个健康上的大统一场理论。疾病并不是一种特殊状态，而是存在方式的一部分；我们可以视其为暂时性的发作或生命过程中的某种强化作用。从能量层次来理解健康占星学，可以找到我们的能量在运作过程中的关键点；占星学提供给我们一种语言，借由它，我们可以描述能量的种类和特定的动力。

附录二　第一部参考书目

第一章

Einstein, A. *Ideas and opinions*. New York ：Crown Publishers, 1954.

Freud, S. Quoted in Unitarian-Universalist Psi Symposium Transcripts, 1970.

Kepler, J. *Somnium*. Madison: Univer. of Wisconsin Press, 1967.

Marrone, R.L. *Consciousness and evolution: A radical introduction to psychology*. (Unpublished manuscript, Sacramento State College), 1971.

Oppenheimer, R. Lecture at American Psychological Association Convention, 1971.

Rudin, J. *Psychotherapy and religion*. South Bend, Ind.: Notre Dame University Press, 1968.

Smith, H. Editorial in *The Cooperator*, 1971, l, pp. 1-4.

Stossel, H. *Cosmobiology*, 1959, July 25.

Whyte, L.L. *Accent on form*. New York: Harper & Bros., 1954.

第二章

Goethe, J. *Faust*. Trans. by Bayard Taylor, Now York: Modern Library, 1950.

Goodavage, J. *Astrology: The space age science*. New York: Signet, 1967.

Jeucks, J. *The mysterious universe*. New York: Macmillan, 1932.

Laucks, I. Editorial in *The Cooperator*, 1971, I, p.5.

Mowrer, O.H. "Sin," the lesser of two evils, In M. Zax & G. Stricker (Eds.), *The study of abnormal behavior.* (2nd ed.) New York: Macmillan, 1969.

Rudin, J. *Psychotherapy & religion*. South Bend, Ind.: Notre Dame Univer. Press, 1968.

第三章

Crebo, Anna. Creativity, psychology, and the cosmos. *The Journal of Astrological Studies*, 1970, 1, 74-83.

Dobyns, Zipporah. The integration of humanistic psychology and astrology. *Kosmos*, 1971,4 (1), 8-10.

Goethe, J. Quoted in L.E. Whyts. *Accent on form.* New York: Harper & Bros., 1954.

Jung, C.G. *The undiscovered self.* New York: Mentor, 1958.

May, R., Angel, E., & Ellenberger, H.F. (Eds.) *Existence: A new dimension in psychiatry and psychology.* New York: Books, 1958.

May, R. Existential bases of psychotherapy. In M. Zax & G. Stricker (Eds.), *The study of abnormal behavior.* (2nd cd.) New York: Macmillan, 1969.

Rudhyar. D. The part of fortuue. Lecture given at American Federation of Astrologers Convention, Boston, 1964.

Rudhyar, D. *AFA Bulletin*, Washington, D.C., November 20, 1968.

Rudhyar, D. How can astrology's claims be proven valid? *Aqnarian Agent*, 1970, 10, 7-9.

Ruperti, A. Astrology and the needs of modem man. Kosmos, 1971, 4(2), 5-8.

Suzuki-roshi, S. *Zen Mind, beginner's mind.* New York: Walker/Weatherhill, 1970.

Teilhard de Chardin, P. Esquisse d'un univers personnel. Paris: May 4, 1936.

Van Dusen W. The natural depth in man. In man. In C. Rogers & B. Stevens (Eds.), *Person to person: The problem of being hu man.* Lafayette, Calif: Real People Press, 1967.

Whyte, L.L. *The next development in man*. New York: H. Holt, 1948.

Whyte, L.L. *Accent on form*. New York: Harper & Bros., 1954.

第四章

Campbell, J. The historical development of mythology. In H.A. Murray (Ed.), *Myth and mvthmaking*. New York: George braziller. 11960.

Carre M.H. *Phases of thought in medieval England*. Oxford Univer. Press, 1949.

Dobyns, Zipporah. Astrology as a psychological tool. *Aquarian Agent,* 1970, 1(9), 1.

Jung, C.G. Interview with André Barbault. *Astrologie moderne*, May 26, 1954.

Jung, C.G. *Archetypes and the collective unconscious*. New York: Bollingen Foundation, 1959.

Jlung, C.G. *The structure and dynamics of the psyche*. London: Routledge & Kegan Paul, 1960.

Metzner, R. Astrology: Potential science and intuitive art. *The Journal of Astrological Studies*, 1970, 1, 164-177.

Whitmont, E. Why causality? *Aquarian Agent,* 1970, 1 (13), 8.

Whyte, L.L. *Accent on form*. New York: Harper & Bros., 1954.

第五章

Barnett, L. Quoted in Margaret Hone. *The modern text book ofastrology.* London: Fowler, 1951.

Dobyns, Zipporah. The integration of humanistic psychology and astrology. *Kosmos*, 1971,4 (1), 8-10.

Ebertin, R. *The combination of stellar influences.* Aalen, Germany: Ebertin Verlag, 1960.

Glynn, T. A link between the alpha state and a scientific basis of astrology.*AFA Bulletin*, 1972, 34 (3), 28-31.

May, R. Existential basee of psychotherapy. *American Journal Of Orthopsychiatry*, 1960, 30, 685-695.

Pay, R. Position of planets linked to solar flare prediction. *Technology Week.* May 15, 1967.

Rudhyar, D. *The astrology ofpersonaliy.* New York: Lucis Publishing, 1936.

Rudhyar, D. *An astrological study of psychological complexes and emotional probJems.* Wassenaar, The Netherlands; servire,1966.

Rudhyar, D. *The practice of astrology.* Wassenaar, The Netherlands: Servire, 1968.

Rudhyar, D. *Birth patterns for a new humanity.* Wassenaar, The

Netherlands: Servire, 1969.

Rudhyar, D. *The planetarization of consciousness*. Wassenaar, The Netherlands: Servire, 1970.

Ruperti, A. Astrology and the needs of modem man. *Kosmos*, 1971,4 (2) 5-8.

第六章

Bugenthal, J.FT. *Challenges of humanistic psychology*. New York: McGrawHill, 1967.

May, R. Existential bases of psychotherapy. In M. Zax & G. Stricker (Eds.), *The study of abnormal behavior*. (2nd ed.) New York: Macmillan, 1969.

Rogers, C. & Stevens, B. *Person to person: Theproblem of being human*. Lafayette, Calif.: Real People Press, 1967.

Rudhyar, D. *AFA Bulletin*, November 20, 1968.

Rudhyar, D. *Astrology for new minds*. Lakemont, Ga.: CSA Press, 1969.

Rudnyar, D. Humanistic Astrology. *Aquarian Agent*, 1971, 2 (1), 4-5.

Termerlin, M. On choice and responsiblity in a hnmanistic psychology. *Journal of Humanistic Psychology*, 1963, 3 (1).

图书在版编目（CIP）数据

生命四元素：占星与心理学／（美）阿若优著；胡因梦译．
—昆明：云南人民出版社，2008
书名原文：Astrology, Psychology and the Four Elements
ISBN 978–7–222–05636–7

Ⅰ．生…　Ⅱ．①阿…②胡…　Ⅲ．占星术—研究　Ⅳ．B991

中国版本图书馆CIP数据核字（2008）第159537号

著作权合同登记号：图字23-2008-030号

责任编辑：段兴民
装帧设计：高　雪
责任印制：洪中丽

书　名	生命四元素：占星与心理学
作　者	[美] 史蒂芬·阿若优　著
译　者	胡因梦　译
出　版	云南出版集团公司　云南人民出版社
发　行	云南人民出版社
社　址	昆明市环城西路609号
邮　编	650034
网　址	www.ynpph.com.cn
E-mail	rmszbs @ public. km.yn.cn
开　本	787 × 1092　1/16
印　张	14
字　数	100千
版　次	2008年11月第1版第1次印刷
印　数	1—5000
排　版	九章图文设计有限公司
印　刷	河北省三河市华晨印务有限公司
书　号	ISBN 978-7-222-05636-7
定　价	35.00元

尊敬的读者：若你购买的我社图书存在印装质量问题，请与我社发行部联系调换。
发行部电话：（0871）4194864　4191604　4107628（邮购）